1→N%

增长双轮

经济周期下半场的增长方法论

王晓明　龚焱　梁涛——著

中信出版集团 | 北京

图书在版编目（CIP）数据

增长双轮：经济周期下半场的增长方法论 / 王晓明，龚焱，梁涛著. -- 北京：中信出版社，2020.8（2020.11重印）
ISBN 978-7-5217-1894-2

Ⅰ. ①增… Ⅱ. ①王… ②龚… ③梁… Ⅲ. ①企业经济—经济增长—研究 Ⅳ. ① F272

中国版本图书馆 CIP 数据核字 (2020) 第 083421 号

增长双轮：经济周期下半场的增长方法论

著　　者：王晓明　龚焱　梁涛
出版发行：中信出版集团股份有限公司
（北京市朝阳区惠新东街甲 4 号富盛大厦 2 座　邮编　100029）
承 印 者：三河市中晟雅豪印务有限公司

开　　本：880mm × 1230mm　1/32　　印　　张：7.75　　字　　数：140 千字
版　　次：2020 年 8 月第 1 版　　印　　次：2020 年 11月第 3 次印刷
书　　号：ISBN 978-7-5217-1894-2
定　　价：58.00 元

前　言

1989 年《财富》世界 500 强排行榜中的前 10 名企业在 2019 年无一上榜，2009 年《财富》世界 500 强排行榜中的前 10 名企业在 2019 年仅剩两席（微软和苹果）。40 年前，在世界 500 强工作意味着“成功”“高薪”“体面”“安全”。时至今日，即使你在世界 500 强前 10 名的企业里工作，也无法保证 5~10 年之后你还能拥有一份心仪的工作。如今我们正处于一个充满 VUCA（波动性、不确定性、复杂性和模糊性）的时代，而且这个时代的不确定性只会继续加剧。对于企业来说，守住一块阵地，不断加深“护城河”往往是最有效的竞争策略，不幸的是，在科技行业、互联网行业，真正给自己致命一击的却是那些看不见的竞争对手。一家企业最大的优势很可能也是最大的短板。百度曾占有中国 80% 左右的搜索市场份额，腾讯、阿里巴巴、360、搜狐等累计投入上百亿元试图打破其垄断地位，但最终都功亏一篑，百度的股价也一度达到 279.88 美元，市值近 1 000 亿美元。然而 2020 年第一季度百度股价跌到 88.66 美元，只有其峰值的 1/3。反观腾讯、阿里巴巴的股价，尽管也有起伏，但是基本上能稳定在 4 000 亿美元左右。当初三家之中百度手里的牌最好，面对的竞争最小，数亿活跃用户每天持续为百度贡献数据，逐渐帮助其建立了“护城河”，市场的垄断地位很难被撼动。但是今天，用户的搜索使用场景却被微信、今日头条、抖音、快手几个 SuperApp（超级应用）不断瓜分和蚕食。

2019 年 12 月，突如其来的新型冠状病毒肺炎疫情打乱了全世界人民的工作和生活。正处于转型当中的中国经济面临着巨大的挑战，但有一些企业在各项经济数据暴跌的经济周期“下半场”却实现逆势上涨。比如下沉市场的电商巨头拼多多，股价从 30 美元左右一度拉升到 87 美元，市值也超过了 1 000 亿美元，创造了历史新高。无独有偶，另一个创业明星字节跳动（今日头条、抖音的母公司）在 2020 年也传出在一级市场估值超过 1 000 亿美元的消息。从 QuestMobile（北京贵士信息科技有限公司）统计的数据来看，2020 年 3 月，字节跳动的旗舰产品抖音的月活跃用户数量达到 5.18 亿，同比增长 14.7%，月人均使用时长为 1 709 分钟，同比增长 72.5%，也创造了历史新高。

我们过去 20 年来一直深入研究组织转型、企业增长方法论。在研究了超过 1 000 家中国和美国的或成功或失败的创业企业与中小企业后，发现不少企业家非常擅长“从 0 到 1”的创业工作，也很擅长在蓝海市场顺势而为地抢夺市场份额。但大多数企业在“从 1 到 N”这个环节缺乏方法，在红海市场缺乏经验，不但交了高昂的学费，甚至葬送了企业的未来。在我们看来，这些企业犯的错误和踩的坑，是有很大机会可以避免或者绕过去的，这种不必要的损失也是可以大大减少的。但是目前还没有一本书深入结合了真实的、第一手的案例资料来帮助企业提升这部分的认知。2018 年底，我们基于过去的研究成果开始编写本书，详细介绍了 10 余家具有鲜明特征的企业在“经济周期下半场”如何通过“增长双轮”实现逆袭，爆发出令世界 500 强企业恐惧的增长速度和增长质量。

在经济周期“下半场”，字节跳动、拼多多、快手、火箭网、盒马鲜生、超级物种等不但没有出现业绩下滑，反而业绩暴增，这给了我们很多有益的启示，同时这些企业在经营管理、业绩增长方面也有非常类似的实践。因此本书将这些标杆企业的宝贵实践提炼成“增长双轮”方法论，以期帮助那些在“经济周期下半场”中增长放缓甚至是业绩下滑的企业走出困境，实现裂变式增长。“增长双轮”包括方向飞轮（重新定义）和动力飞轮（破界增长）两大部分。本书的前两章会帮助读者理解“增长双轮”方法论的理论基础和形成过程。第三章以今日头条为例，讲述如何运用“重新定义”这一方向飞轮。第四章到第六章深入讲述这些标杆企业是如何应用“技术赋能”“规则创新”“生态重构”这三个方法实现增长的。第七章以抖音为例，讲述如何使用“破界增长”实现业绩暴增。第八章到第十章深入讲述“数据驱动”“组织觉醒”“创业原力”这三个方法是如何在这些标杆企业里应用的。最后一章对“增长双轮”这一方法论进行了系统总结。

在经济周期“下半场”，很多人会感到挫败、沮丧，甚至会放弃，感觉别人成功太容易，自己努力却没有成功，有些人则担心被淘汰，担心失业。随着技术变革的加快，年青一代越来越让人看不懂，跟不上。为什么有些人从表面上看如此容易成功？为什么有人失业，有人却创造亿万财富？为什么有人 10 年升一级，有人 1 年创造 100 亿？过去 10 年我们研究了美国和中国超过 1 000 个优秀的企业创始人，以及超过 1 000 家优秀的创业企业，发现了这些人和企业成功的秘密：企业呈指数级增长的原动力是创始人、合伙人和各个层面领导者个人的“破界增长”。个人增长带动团队转型，带动组织转型，实现企业、个人的财富升级。人生没有倒退键，走错了就可能失去增长的机会，无论是机遇摆在面前因自身能力不足无法把握，还是自身能力很强却眼睁睁地看到已经错失机会而懊悔不已。个人增长的快慢是有规律的，掌握方法论的人增长得快，认知水平进步得快，能力提升得快，成功的概率也就更大。

龚焱　梁涛　王晓明
2020 年 5 月

目　录

看不到的颠覆者：来自重新定义和破界增长

第一章

恐惧的根源：人类在不断更换“操作系统”

从企业创立的那天起，我们所做的各种各样的决策和行动，其实都是在一个固定的“操作系统”下进行的，而这个“操作系统”就是公司制。无论是初创阶段的企业，还是达到行业顶尖水平的世界500强企业，从本质来看，都没有跳脱出公司制这个“操作系统”。

从历史的角度来看，公司制正式被定义并登上历史舞台，是在第一次工业革命之后的英国。大航海时代资本的原始积累，带来了生产技术的突飞猛进。为了适应大工厂式的财富获取方式，1862年英国颁布了《公司法》，首次明确提出了有限责任公司的定义，就是以盈利为目标的市场主体，并且把开设公司列入每个英国公民的基本权利范畴。至此，公司的架构或者说制度红利，开始从一个小众人群进入大众人群，开公司从某种意义上变成了一种基本人权。从那以后，基本上其他国家和体系都是采用同一个制度安排，把开设公司的权利作为人权的基本内涵之一，公司制也因此得以在全球快速普及。

但事实上在今天，考虑到公司制诞生的时代背景和技术背景，这种看似历久弥新的制度，实际上已经开始出现各种各样的问题。这种制度虽然能够在时代的进程中，不断利用新的元素提升自身，达到适应市场的目的，但它的底层逻辑却始终未曾改变，所谓"更新换代"，其实也不过是将自身的漏洞用补丁掩盖。

过去，市场发展与演进的速率相对缓慢，所以公司制能够获得一个很长的反应周期，来适应市场的变化。但进入21世纪之后，互联网技术的出现与发展，迅速为市场经济带来了翻天覆地的变化。

> 公司制原本藏在补丁之后的各种隐患，在剧烈的变化与高速的变迁中，失去了继续隐藏和掩盖的机会，底层逻辑与时代的错配，也开始展现得越来越明显。

首先是传统公司制度以股东利益为核心的经营模式与日益增加的员工需求之间的矛盾，简单来说就是在公司制当中，企业经营的目的是让股东最大限度地获益，为此企业会想方设法去控制成本，在这个过程中，不可避免地会出现压榨员工劳动力来降低人力成本的现象。

众所周知，在公司制当中，企业有两种管理员工的工具，第一种工具叫作契约，或者叫合约。员工进入公司之后，企业要跟他签订劳动合同，这就是契约。但是所有的书面契约从本质来说都是不完整的契约，因为我们无法准确推测未来员工的行为，以及和公司之间的关系，当然更无法完整界定员工的每一个行为和每一个动作。

所有的书面契约最终都具有不完整性。

当遇到通过契约，甚至是心理契约都不能解决的问题时，就不得不提到公司制当中企业管理员工的第二种工具——激励。

所谓激励，其实就是通过利益的调度，对员工进行指向型驱动。19 世纪法国思想家孟德斯鸠对这个问题有很深的研究，他认为要驱动一个社会组织，本质上有三大驱动力：一是制度，二是恐惧，三是荣誉。这就是激励的底层驱动力。虽然孟德斯鸠研究的对象不是公司，而是社会组织，但公司作为组织的一种形式，这种原理也同样适用。在公司的场景里面，一家公司可能是荣誉型的驱动组织，也可能是靠恐惧或者所谓的制度来驱动。

很多人会自然地认为，制度驱动相对来说更加先进，因为恐惧和荣誉驱动的激励主要作用于原始的心理层面，更加容易出现问题。

对于荣誉驱动型的公司或者组织来说，激励发展到极致，会出现两个潜在问题。

第一个问题是荣誉的通货膨胀。我们可以用一个案例来具体说明，比如在典型的荣誉驱动型组织——中国的各大高校当中，对于授课的老师来说，最重要的不是一个月挣多少钱，而是职称的高低。传统高校的职称分级通常有三档：讲师、副教授、教授。为国家做出突出贡献的教授才能参评院士。高校组织的寿命很长，系统在不断积累之后，就会出现荣誉的层级问题。为了解决这个问题，中国的高校曾经尝试过十级教授制度，也就是说高校的讲师在达到教授职称之后，还可以继续评选职称，从一级到十级。虽然解决了荣誉的层级问题，但随之而来的就是教授这个职称含金量大大下降，这就是荣誉的通货膨胀。

第二个问题是荣誉的交易。英国在君主制时代有一个典型的荣誉体系，也就是骑士体系。骑士头衔原本是一种荣誉，象征着贵族的身份地位，但骑士体系发展到末期的时候，这个荣誉头衔已经变成了可以交易的称号。历史上曾经有过一个时期，85 英镑就可以买一个骑士头衔，这就是荣誉的交易。

> 无论是荣誉的通货膨胀还是荣誉的交易，归根结底，都会让荣誉的价值大大降低，当荣誉不再具有充足的价值时，人们自然也不会被荣誉所激励。

我们再来看恐惧驱动型组织。如果一套系统靠恐惧驱动，恐惧背后一定有威权或者威权人物的存在，这是恐惧驱动的动力来源，但同样也是系统最大的漏洞所在。这种系统非常依赖威权人物的存在与继承，一旦出现威权人物的空缺，这种系统就容易出现漏洞，甚至出现自下而上的权力革命。举例来说，奥斯曼帝国是典型的恐惧驱动型组织，威权人物就是苏丹（奥斯曼帝国最高的世俗统治者），苏丹对国家拥有绝对的统治权，而且为了强化自己的权力，苏丹还建立了一套制度。为了避免官僚权力世袭，最后形成庞大的官僚体系跟他抗衡，他首先剥夺了穆斯林的从政权利，然后去各地征选一些幼小的奴隶，让他们接受非常严格的教育和训练，最后进入军队和行政系统。在这种人才培养的机制中，奴隶的地位提升是没有“天花板”的，即使出身很卑微，只要被系统选中，也可以提升到很高的位置，甚至是宰相。他们可以享受荣华富贵，可以积累财富，但是不能结婚。所以这些身居高位的奴隶没有家人，财富和地位也不能传承，最终都会回到苏丹手中。这种残酷的制度，确实在很长一段时间里，解决了所谓的官僚之间的裙带关系，避免了官僚系统的形成。但是奥斯曼帝国在进入中晚期的时候，开始出现继承人问题。由于苏丹不再强势，所以奥斯曼帝国这个恐惧驱动型组织，因缺乏威权人物而出现政权的动荡。身居高位的奴隶禁卫军开始挑战国家的政权。这就是恐惧驱动型激励的反噬。最终，为了彻底解决这个问题，苏丹下令摧毁了这支自己一手建立的奴隶军队。

在孟德斯鸠的世界中，一个依赖制度的系统是相对比较先进的，但是制度体系走到极致也有漏洞。事实上，在公司制当中，企业都是将这三种激励模式组合在一起使用。比如，很多销售型企业会建立一套薪酬激励制度，在这个制度当中，员工做到某种成绩就会获得相应的物质和荣誉激励，而持续出现业绩问题就会面临被辞退的恐惧。在过去经济发展水平较低的时代，因为个人需求的抑制与工作岗位的限制，员工对企业的需求是有一个稳定的收入来源就可以。“60 后”、“70 后”甚至“85 前”这一代人的父母大都希望孩子在国企或者事业单位找一份工作，就是为了拿到一个“铁饭碗”，当然，其中也有关于荣誉的考量。所以，在过去，即使工资不高，只要工作稳定，员工也愿意为企业工作。

如今，“85 后”和“95 后”进入了职场，这些互联网时代成长起来的年轻人成为企业基层员工的主力军。改革开放 40 多年来，随着经济发展，不少家庭有了一定的经济基础，实现了小康，他们受实用主义的影响，更加追求实际的利益和实现自身的理想。我们经常看到互联网上的一些段子说，“70 后”是老板炒员工，“90 后”是员工炒老板，这类段子就是这一社会发展阶段的一种诙谐的表述方式。但这些都是企业所不愿意看到的，因为对于传统的公司制来说，对薪酬没有太高要求、严格遵守规章制度的员工才是理想形态。但现实就摆在这里，公司制对于员工管理的底层逻辑，已经逐渐失去了有效性。

同样的道理，传统公司制所追求的股东利益最大化，与现在的用户需求之间也存在深刻矛盾。过去生产力有限，在卖方市场的驱动下，因为几乎没有其他选择，所以消费者对于企业提供的产品其实并没有太高的质量要求。也正是因为如此，企业才可以最大限度地压缩产品成本，从而提高利润率，为股东创造更大的价值。但是，现在生产力已经提升到了一个极高的水平，市场上的同质化竞争也越来越激烈，这个时候，其实市场的天平已经倾斜到了用户一端，或者说进入“产品为王”、以创新创造来驱动企业增长的时代了。简单来说，就是极端的买方市场——企业提供的产品或者服务只有充分得到消费者的认可，才能真正打开市场。但是如果要提高产品或者服务的水平，企业自然要拿出更多的资金和资源投入产品端，对惯于最大限度压缩产品成本的传统公司制而言，这种方式显然是不符合底层逻辑的。

总而言之，在如今的时代，传统公司制这套“操作系统”已经进入了“下半场”，失去了活力，虽然依旧活跃在市场上，但其实已经是落日黄昏，相比过去公司制的制度红利对企业发展的促进作用，现在它对企业更多的是限制作用。

在诸多正在被制度限制发展的企业当中，受伤害最重的就是行业顶尖的所谓世界500强企业，因为在这些企业当中，大多数都具备两个特点。其一，发展时间较长，公司制根深蒂固，比如食品企业、能源企业、大型银行等拥有几十年甚至上百年发展历史的企业；其二，企业规模庞大、组织架构复杂、制度调整困难，比如拥有8 500家门店与220万名员工的沃尔玛，有28万名员工的通用电气和有38万名员工的IBM（国际商业机器公司）等。

与世界500强中的传统企业相反，很多创业企业因为没有历史沿革和组织复杂性等问题，从一开始就是根据时代的特点，在原有的公司制基础上，寻求新的“操作系统”，探索适合新市场环境的战略、商业模式以及增长方式。很多创业企业建立时间不长就实现了对世界500强企业的追赶甚至反超，这些科技驱动的创新型公司有美国的Facebook（脸书）、Google（谷歌）、Microsoft（微软）、Apple（苹果）、Amazon（亚马逊）以及中国的阿里巴巴和腾讯等。这些公司不但是《财富》世界500强中的佼佼者，并且在其所在领域获取了几乎无法被超越的市场份额。

过去40年来，世界500强企业的构成产生了大幅变化。40年前世界500强中的前十名企业在2019年无一上榜；10年前世界500强中的前十名企业，到2019年只有苹果和微软还保有一席之地，其他8家全部易主（见表1–1）。我们大胆预言，在未来10年，未来40年，世界500强企业的构成还会产生更大的变化，会给我们带来更多的惊讶。那么未来哪些企业有机会取代现在世界商业的领导者呢？我们可能没法说出它们的名字，但是根据我们的研究发现了一种趋势，就是那些跳出过去大家熟悉的“操作系统”，在全新的“操作系统”里增长的企业，它们有更多的破界逆袭的可能性。

表1-1　全球市值前十大企业变迁

年份	国别	行业	公司
1990	日本	通信及硬件	日本电信电话公司
	日本	金融投资	东京三菱银行
	日本	金融投资	日本兴业银行
	日本	金融投资	三井住友银行
	日本	大众消费	丰田汽车
	日本	金融投资	日本富士银行
	日本	金融投资	日本第一劝业银行
	美国	通信及硬件	IBM
	日本	金融投资	日本联合银行
	美国	石油	埃克森美孚
2000	美国	互联网软件	微软
	美国	通信及硬件	通用电气
	日本	通信及硬件	NTT Domoco（移动通信运营商）
	美国	通信及硬件	思科
	美国	大众消费	沃尔玛
	美国	通信及硬件	英特尔
	日本	通信及硬件	日本电信电话公司
	美国	石油	埃克森美孚
	美国	通信及硬件	朗讯
	德国	通信及硬件	德国电信
2010	中国	石油	中国石油
	美国	石油	埃克森美孚
	美国	互联网软件	微软
	中国	金融投资	工商银行
	美国	大众消费	沃尔玛
	中国	金融投资	建设银行
	澳大利亚	石油	必和必拓
	英国	金融投资	汇丰银行
	巴西	石油	巴西国家石油
	美国	互联网软件	苹果

续表

年份	国别	行业	公司
2019	美国	互联网软件	微软
	美国	互联网软件	苹果
	美国	互联网软件	亚马逊
	美国	互联网软件	谷歌
	美国	互联网软件	脸书
	美国	金融投资	伯克希尔－哈撒韦
	中国	互联网软件	阿里巴巴
	中国	互联网软件	腾讯
	美国	大众消费	强生
	美国	金融投资	摩根大通

过去成熟的“操作系统”，是基于传统企业完善、严谨的管理制度，以及资源、资金、规模实现增长的。而新的“操作系统”打破了公司制的界限，用户、企业、股东重新按照贡献进行利益和价值分配，用户的主导权大大提升。无论是几万人的大企业还是几十人的小企业，其管理制度都更接近创业企业的管理制度和文化，组织极度扁平化，人员极高程度的自组织管理。在这套“操作系统”中，企业重新定义了增长模式，这种新的模式更加依赖数据、技术、创新和创意，从而突破原有业务边界、行业边界、企业边界实现破界增长。

过去五年，我们研究的企业当中符合这些标准的有：字节跳动，拼多多，盒马鲜生，超级物种，Rocket Internet（火箭网），Supercell（超级细胞，芬兰游戏巨头，后被腾讯收购），Valve（维尔福软件公司，美国游戏巨头，研发了世界上最知名的射击游戏和影响力最大的游戏分发平台 Steam）等。这些企业正在对世界 500 强企业中的佼佼者发起挑战，我们眼看着百度、腾讯、新浪在与字节跳动的竞争中，吃力地维持着防御态势，但仍然无法阻挡字节跳动重新定义内容行业；亚马逊被 Rocket Internet 折腾得四面楚歌；传统零售商持续零增长或者负增长，只能眼睁睁地看着盒马鲜生、超级物种每年开数百家新店。

> 自身在成熟的“操作系统”中无法自拔，但是颠覆者正在新的“操作系统”中用打破传统的增长方式实现“破界增长”。目睹新兴企业的赶超而无计可施，说到底，这就是世界 500 强企业恐惧的原点。

与公司制相配套的传统企业增长模式受到了空前的挑战。随着公司规模的扩大，企业层级增加，创业文化暗淡，企业更多是在成熟的业务上做加法，在庞大的收入基数上，即便只有 10% 的增长，也足以让企业满意了。正是因为这种心态，让“重新定义”行业的“创业型”企业看到了机会。它们或通过技术优势建立竞争壁垒，或通过商业模式的创新改变成本结构或者核心活动，或改变生态中各方的合作方式和利益分配方式从而构建新的生态。这些“破界式”的增长方式在短短几年内就实现了世界 500 强企业几十年才实现的业务规模和市场地位。

世界 500 强企业的恐惧就是创业和投资的机会，对于新兴企业而言，它们拥有这个时代最好的逆袭机会。2020年，世界经济进入整个周期的“下半场”，企业逆袭的机会在于抓住“时代动力”，学会用“明天思维”去思考问题，尽快进入或者建立新的“操作系统”，获取新的增长红利，从而一举逆袭。

第二章

时代动力和明天思维

为什么有的企业非常早就发现了这个新的“操作系统”，并且在这个“操作系统”内实现了令人惊讶的增长，而有的企业握着一手好牌却打得稀巴烂？这是因为企业的创始人和管理者在认知上具有巨大的差异。在这里，我们需要引入一个新的概念，就是认知的隧道效应（见图 2–1）。如果把认知看作一个兼具输出与输入功能的“黑匣子”，我们可以把输出设定为 Y，如果想要得到高质量的 Y，本质上取决于两个要素，一个是输入的质量，另一个是处理的质量。输入的质量，我们可以设定为 X_1，其中包含两个基本变量，一个是信息的通道，另一个是信息的多元化；而处理的质量，包括解读和决策，简单来说就是思维模型，我们可以设定为 X_2。

输入和处理，这两个因素决定最终转化的效率，以及转化的精度。也就是说 X_1 和 X_2 决定 Y，那么 X_1 和 X_2 又是由什么决定的呢？

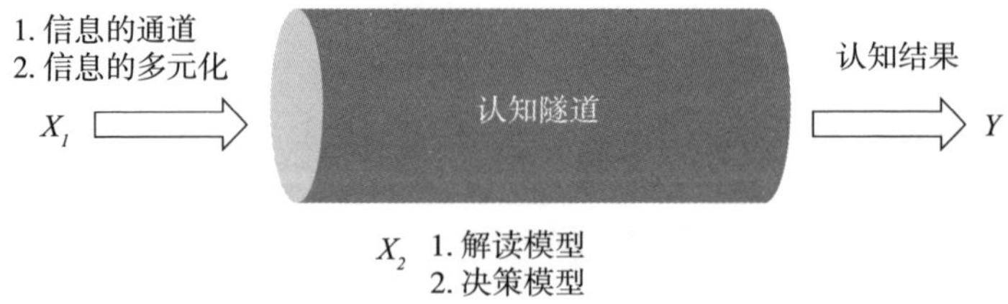

图2-1　认知隧道模型

从一个创业者的角度来说，资源、团队、背景、经历都是影响决策的重要因素。个人经历是一个很宽泛的词，背后有教育、原生家庭、职业等。举个例子，一个创业者的思维模型里有一个非常重要的变量：第一份大学教育，或者第一份正式职业产生的影响。从我们研究过的所有创业者的数据来看，有一类专业教育背景几乎不太可能促成创业，或者说比例非常低。这个就是法学专业，为什么这么说？首先大学四年接受教育的过程也是思维模式的成形过程，而法学专业在这四年里所教授的基本上就是两种能力，第一是对风险的判断，第二是对风险的控制。虽然创业行为会产生一个向上的空间，但同时创业也有风险，也会产生向下的空间。受到严格法学专业教育的人，在考虑事情的时候，往往第一时间会分析事件未来的发展趋势，然后找到如何识别风险和控制风险的途径。而对于一个创业者来说，这种充分的理性并不利于创业行为的开展。

相关调查显示，70% 的创业者认为自己的创业能力超过 70% 的创业者，这种过于自信的自我认知是大多数创业者的“通病”。同样的现象也出现在司机身上，有 70% 的司机认为自己的车技超过 70% 的司机，这也是过于自信的表现。作为创业者，如果不过于自信，一定不会选择创业，如果非常的理性，看到风险点的存在就不会去创业。

其实我们每个人都在试图用自己的方式解读这个世界，每个人都在认知世界，但是看到的都不是世界本身。人类本质上都是认知的囚徒，我们看到的世界一定都是有限的世界。为什么要把认知的过程形容成一个隧道？因为隧道有一个孔径，有的人孔径大，有的人孔径小。另外，隧道有一个墙壁，有的厚，有的薄。

每个人都是通过隧道在看这个世界，你看到的永远不是世界本身，而是你自己对世界的解读。

所以我们想要创业成功，首先要打破认知的边界。那我们应该如何来破界呢？同样也需要从认知的角度入手，形成并强化**两个新思维**。

第一个角度是外向的思维，我们把它叫作“时代动力”，要从外部的角度理解时代背后的驱动力。第二个角度叫作“明天思维”，也就是站在明天的角度来看待今天的竞争格局，用一个高度概念化和抽象化的方式，来“重新定义”今天的竞争格局。

首先来看某种促进因素——时代动力，到底时代本身发生了什么，时代背后的底层逻辑是什么？以 1950—2014 年美国所有的上市公司为例，我们可以用 EBIT 指标来进行区别分析。所谓 EBIT，也就是息税前利润，简单来说就是企业扣掉财务成本和税务成本之前的利润，能够基本反映企业的盈利状态。我们可以把样本分成两组，第一组是所有的上市公司里表现最优秀的 1/4，这部分头部公司的 EBIT 大致可以达到 30%，对于企业来说几乎已经是理想的状态。但是有头部就有尾部，对于尾部的 1/4 业内存在两种不同的理论：理论 A 认为大家都在市场当中，随着整体经济环境的水涨船高，再加上上市企业又是行业中相对占据优势的企业，所以尾部公司跟头部公司的 EBIT 发展趋势基本平行，只是起点和终点不一样；而理论 B 与理论 A 正好相反，认为头部公司之所以能够不断发展，是以尾部公司的牺牲为代价的。我们可以用商业直觉判断一下，到底哪一种理论更加符合当今市场的实际状况，显而易见答案是理论 B。实际上，头部企业持续上行，尾部企业空做嫁衣的情况，基本可以认定为第二次世界大战之后商业史的高度浓缩。图 2-2 就真实反映了“强者愈强”的竞争结果。

再以一组数据为例，2018 年第四季度智能手机市场出货量的排名中三星第一，苹果第二，华为第三。三星全球出货量 18.1%，所得利润占全球智能手机产业链总利润的 10%，苹果的出货量和三星差不多，达到了 17.9%，但因为高附加值的

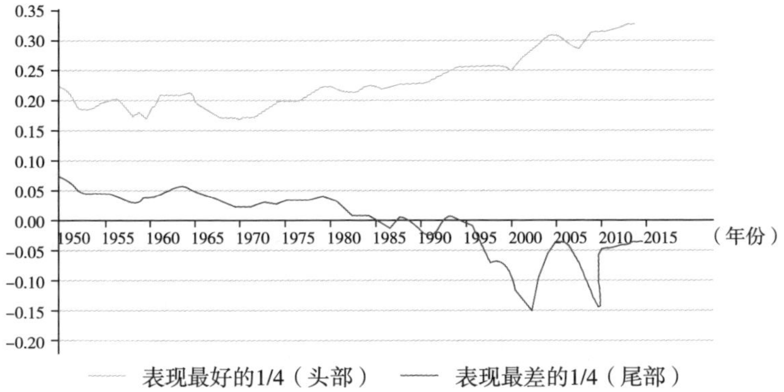

图2-2　1950—2014年各行业的EBIT

资料来源：波士顿咨询公司，2014年8月，标准普尔数据库。

关系所得利润占产业链总利润的 87%，而华为的出货量同样也非常大，所得利润占产业链总利润的 6%。说到这里很多人可能会有疑问，这三家公司的所得利润加起来为什么会超过 100%，达到 103% 呢？实际上，多出来的 3%，来自第三名以后的其他企业为行业做出的反向贡献，简单来说就是头部企业盆满钵满，尾部企业只能赔本赚吆喝。

这就是经典的马太效应。所谓马太效应，原本来自圣经中的一句话：让富有的更富有，让贫穷的被拿走最后一块面包。但是请注意，大家看到的只是结果和现象，而现象背后一定会有逻辑。

以美国的 SP500 数据为例，所谓 SP500，也就是标普 500，基本是美国最大的 500 家头部企业，这些头部企业的估值里有两个资产，一个是有形资产，另一个是无形资产。

有形资产就是桌子、楼、车、设备等看得见摸得着的东西。无形资产是什么？知识产权、品牌、商誉，甚至你的团队，这些看不见摸不着的东西。根据SP500的数据对比，40年前企业估值中有形资产占据了83%，无形资产只占了17%；而现在,无形资产所占的比重超过了80%。在演变的过程中，原本站在舞台中央的实体经济也逐渐退居幕后，知识经济成为时代新的宠儿。从这种演变中我们可以看出，这个世界确实在发生深刻和本质的变化，而这个深刻和本质的变化就是实体经济和知识经济的更迭，这种更迭的力度和速度其实会远远超出我们的想象。而这种更迭，实际上也意味着，随着时代的进步，企业发展背后的驱动逻辑也逐渐发生着变化。

在实体经济时代，如果一家企业想站在舞台的中心，依靠的是规模效应。一家企业的规模越大，它的单位成本就越低，单位成本降低之后，企业就会获得价格优势，从而提升自己的市场占有率，而市场占有率提升后企业会获取更多的收益，因此又可以进一步扩大企业的规模，这是一个正向的反馈，在亚当·斯密时代规模效应就被我们所认知。

但是这里我要抛出一个问题，在实体经济时代很少见到有一家企业通过规模效应实现马太效应。这是为什么？其实原因很简单，规模扩张的同时会增加三个成本：沟通成本、管理成本、协调成本。而这三个成本的增加，最后会导致总成本增加的幅度超过单位成本下降的幅度，这个时候企业会到达一个边界，这个边界叫规模的不经济性。也就是说，当企业的规模发展到超过平衡点的时候，规模的扩大不再能够为企业创造更多的收益，反而会制约企业的发展。所以在实体经济时代，单家企业很难出现所谓的赢者通吃。

但到了知识经济时代，企业的发展逻辑出现了本质的变化，虽然规模效应依然存在，但只是作为辅助驱动力，对于企业来说更重要的是网络效应。很多时候大家容易把网络效应跟规模效应混为一谈，但实际上两者完全不一样。网络效应是指当“N+1”个用户加入时，从第一个到第 N 个用户的价值都在增加。以电话网络为例，当一个电话网络只有一个用户时，这个电话的网络价值是 0，但随着第二个用户的加入，会使第一个用户的价值极大地增加，而第三个用户的加入，使前两个用户的价值巨大地增加。这就是网络效应的本质。

与规模效应不同，网络效应能够实现所谓的赢者通吃。之所以这么说，其实与网络的价值评估方式相关。网络是无形的，我们怎么样定义一个网络的价值？一个网络的价值取决于什么？关于这两个问题，我们可以进行一个简单的推导。

当一个网络有 N 个用户或者 N 个节点时，假设每两个节点之间都有连接，连接数等于多少？从数学的角度来理解，答案其实很容易得到，就是 N×（N − 1），在这个基础上，当 N 的数值比较大的时候，答案将会无限趋近于 N 的平方。

所以这里有一个简单的推导，一个网络的价值和这个网络的节点数的平方成正比，这是互联网史上最重要的关于估值的推导，叫梅特卡夫定律，是梅特卡夫在 20 世纪 70 年代提出的。这一定律的出现，从根源上改变了我们从实体经济时代沿袭下来的线性思维。

除此之外，梅特卡夫定律还意味着，网络效应是一个赢者通吃的世界。关于赢者通吃这个词的学术性研究很晚才开始，最早研究赢者通吃概念的是斯坦福大学的前校长，也是当代最伟大的社会学家之一马奇。赢者通吃这个词来自德州扑克，德州扑克最基本的规则是，1 万个人参赛，每个人交 100 元，100 万元就是奖金池，奖金池最后怎么分配？赢得第一名的人把奖金全拿走，从第二名到第一万名奖金都是零，这就是赢者通吃。

将这个理论应用在互联网行业，依然是行之有效的。虽然互联网用户的数量是固定的，但在不同的企业所创建的平台上存在的用户数量是变化的。当一个行业内的互联网企业开始竞争的时候，用户会进入不同的平台来获取信息以满足自己的好奇心，但最终产生消费行为的时候，用户往往会选择一个业内公认最优质的平台，而评判的主要标准，就是平台的用户数量。简单来说，低网络价值平台成为高网络价值平台的用户培养基地，虽然付出了大量的努力，但最终用户只会为高网络价值平台创造价值。

这也是移动互联网“上半场”的主要规则，企业之间互相角逐，跑马圈地，都是为了创造更高的网络价值，成为通吃的赢者。

时至今日，移动互联网“上半场”的硝烟已经散去，“下半场”的激烈竞争已经进入了刺刀见红的局面。在“上半场”，企业经营的核心是用户的数量，因为当时移动互联网经济刚刚开始兴起，主要的业态都是针对“人”的消费型互联网（To C），谁能够快速获取大量的用户，谁就可以掌握先机。

但是从现在来看，移动互联网已经不再是一个新鲜事物，在这种情况下，消费者在网络平台的选择上，很容易受到惯性思维的引导。换句话说，移动互联网企业想要更快地抢占用户心智，需要重塑一个远超用户期望的产品和服务，而不是简单的 10%~20% 的提升，这就是企业需要抓住的时代动力。那我们具体应该如何去做呢？从根源上改变已经成熟的行业形态显然不容易，但是我们可以用“时代动力”的思维从外部来看有哪些技术、模式可以颠覆自己的行业，是否有“A 行业 +B 行业”的“A+B”模式可以提供远超用户期望的产品和服务。从而“重新定义”我们的企业以及企业所处的行业。

对于现在的企业来说，想要成为业内独具一格的存在，最简单粗暴的方式就是技术创新。新的技术意味着完全不同体验的产品，而领先一步在某种程度上也可以称得上是与众不同。除此之外，我们也可以通过创新商业模式，打造更有品质的产品、更有竞争力的价格，从而超越用户期望。从这个角度出发，企业可以通过对行业规则的创新，开发一种新的商业模式，也可以重构企业生存的生态，把过去的敌人变成朋友，把与朋友相处的方式从生意变成伙伴，这些都是能让一家企业在经济周期“下半场”取得成功的方法。

接下来，我们来了解一下第二种促进因素——明天思维。

关于明天思维，美国有一个冰球选手描述得非常形象，他说优秀的冰球选手，他的目光始终盯着冰球，冰球滑到哪里马上跟到哪里，但是一个卓越的冰球选手，他的目光始终不在冰球上，他会判断这个冰球下一步将会滑到哪个位置，然后提前到冰球将要到达的位置上等着，这种预判式动作的本质就是**“明天思维”**。

“明天思维”就是站在明天，用一种高度概念化和抽象化的方式，来解读、定义和判断今天的竞争格局。

从新中国成立到今天，市场经济的发展经历了三个阶段。我们可以把全社会的价值链条分成三个环节：制造环节、流通环节和消费环节。这三个环节分别主导了三个阶段。

20 世纪 50—70 年代，定价权是由制造环节所主导的，原因很简单，市场供不应求，像彩电、自行车等稀缺物品，消费者需要拿到票才能买，在这种情况下，流通端和消费端其实都在与制造端进行博弈。所以这个时期是制造业的黄金时期，我们可以用四个字来概括：制造为王。

但是好景不长，到了 20 世纪 80—90 年代，随着供不应求的平衡不断被打破，定价权不可逆转地发生了第一次转移，这次转移的本质就是从制造为王到渠道为王。最能反映渠道为王的是大家乘坐飞机出行时购买的航空意外险。在航空意外险的销售过程中，机场是一个渠道，保险公司是产品的供应商，也可以看作制造商，航空意外险最终获得的收益中，保险公司只能拿到 2%，剩余的 98% 都归属于机场，这就是渠道为王最典型的代表。

2000 年之后渠道为王的逻辑进一步受到挑战，定价权又发生了第二次根本性的、不可逆转的转移——从渠道转移到了用户手里。中国有一句非常经典的俗语可以用来形容卖方与买方的关系："买的没有卖的精。"这种现象在本质上就是卖方和买方之间的信息不对称。但 2000 年之后，互联网技术的延伸与发展使得卖方和买方的信息不对称被打破，博弈的天平不可逆转地倒向了用户这一端。所以，在 2000 年之后，中国市场环境进入了用户为王的时代。在之前的两个市场阶段，企业只需要单纯地制造或者寻找合适的渠道就能够实现长远的发展，但现在显然已经不是那么简单了。用户的需求是多变的，根据用户的需求开发产品、提供服务听起来简单，但实际操作起来困难重重，我们需要强大的"明天思维"才能掌握趋势，占据市场的主动地位。

如今定价权向用户转移的趋势已经越来越明显，即使是互联网行业内可以占据头部地位的巨型企业，用户对于消费的决定性影响力也依然无法撼动。以国内市场为例，中国的互联网巨头大多数都采用数据中心化模型，但随着用户的博弈空间越来越大，这个模型正在受到挑战，很有可能在不久的将来就会变成用户数据的自主权。这个趋势不是我们的推测，而是有两个清晰的信号可以证明。

第一个信号是欧洲的 GDPR（《通用数据保护条例》），也就是欧洲新的数据标准。这个标准本质上约定了两个方面：一方面，企业对用户数据的调用要有清晰而明确的授权；另一方面，企业对每个用户数据的每次调用都要有清晰而明确的补偿。这就意味着，用户数据的获取不再是企业的自主行为，而是企业与用户之间的一个交易。

第二个信号是脸书发起的虚拟货币 Libra，Libra 其实是一个权益。脸书从诞生开始，就在不断获取并应用用户的数据，当用户为王的时代到来，用户的数据主权意识也在觉醒，所以它开始寻求使用用户数据的授权，并不惜为此付出一定的代价。为此，脸书找到了一个天然的价值锚定的媒介和工具，这个工具就是 Libra。在调用用户数据的时候，脸书会给用户做出一定的补偿，而 Libra 就是判定补偿额度的价值锚定工具。而这种机制的存在将会帮助脸书最终从数据中心化模型过渡到用户数据的自主权。

说到这里，我们可以反思一下前面提到的三方博弈：股东、员工、用户，谁应该排第一？这个问题没有标准答案，对这个问题的回答贯穿了整个商业史本身。最早试图对这个问题做出系统解答的是通用电气的前CEO（首席执行官）杰克·韦尔奇。他于1960年进入通用电气，第一次午餐会时，杰克·韦尔奇就旗帜鲜明地给三方博弈排了一个顺序。他说一切公司存在的终极目标都应该是七个字：股东利益最大化。随着通用电气的巨大成功，以及杰克·韦尔奇个人获得巨大的声望，这句话基本被美国商业界采纳。什么时候这个排名开始真正受到挑战呢？27年后，2008年全球金融危机爆发，美国的整个工商界和金融界开始反思股东利益最大化所带来的潜在后果，最终的结论是股东利益最大化有可能会使公司过度追求短期利益，从而丧失公司的长期价值，以及公司的长期竞争力。在这种压力下杰克·韦尔奇做了一个声明：第一点，他说我从来没有说过股东利益最大化这个事；第二点，他说股东利益最大化是世界上最愚蠢的主意之一。从那之后，股东利益最大化这个观点开始走下坡路，到现在基本已经呈现完全解体的状态。2019年美国工商界的圆桌会议，正式把公司运营的六大目标里股东价值最大化这条剔除，这意味着股东权益至上的共识已经崩溃和解体。

之后，三方博弈的理论又发展出了新的概念，那就是员工的利益排在第一位。首次旗帜鲜明地提出员工的利益应该排在第一位的企业是世界上最大的零售企业沃尔玛，沃尔玛的逻辑很简单，它认为只有员工开心了，才能开心地去服务用户，只有用户开心了，最终股东才能挣到钱。之后，这个信条被星巴克和海底捞全盘接受，它们也先后走出了自己的辉煌。

到今天，用户占据首位的逻辑开始逐渐成为主流思想。随着用户的权重越来越大，我们预测接下来会发生一个现象——事实上这个现象已经发生了：随着用户权重的抬头，用户和股东之间的边界将被打破，用户和员工之间的边界也将被打破。也就是说，一个优秀的用户有可能成为这家公司最好的员工，而且是不用付工资的员工，以分享这家公司的增量红利作为回报，他将会成为这家公司的虚拟股东，甚至是实质性股东。我把它叫作从三方博弈到股东、用户、员工之间的三位一体。

2019 年 1 月 24 日，蔚来汽车宣布，董事长李斌转让其名下 5 000 万股股份成立蔚来用户信托，蔚来汽车将有机会通过信托决定股份收益的分配方式。简单来说就是，用户也可以参与蔚来汽车收益的分配，而不再是作为简单的消费者或者消费后积分受益者而存在。换句话说，蔚来汽车在股东激励和员工激励之外，加入了用户激励的部分。在蔚来汽车的用户激励制度下，有四类用户可以参与企业的收益分红：第一类是帮助企业建立良好社群环境的社区活跃用户；第二类是具体的消费用户，包括推荐行为、社区发展等；第三类是帮助企业提效的用户；第四类是为企业做出特殊贡献的用户。

用户激励实质上体现的是一种增量思维，用户不再满足于拿消费积分换一个保温杯或者电饭煲，用户追求的是参与公司的运营，同时分享公司未来增长的红利，所以本质上这种用户激励的模型是一种价值的共享，而不是简单的返利模型。

实际上，这种用户激励也是社会现实下企业不得不做出的改变。以美国的数据来说，顶部 1% 的人占了社会总资产的 75%，而底部 50% 的人只占了社会总资产的 1%。这种差距其实是广泛存在的，美国是这样，别国也是如此，只不过双方的程度不同。如果这种差距继续发展，将会出现什么情况？其实历史已经告诉了我们，不外乎是社会革命与秩序重建这两种结果。在这种情况下，作为财富积累的高端存在，企业如果想要延续自己的辉煌或继续实现业绩增长，只能选择对冲马太效应。

一方面可以靠精英层的自我觉醒，比如前段时间马克·扎克伯格说会把自己总资产的 99% 捐出来回馈给社会，他最终只留 1%，这是一种精英层的自我觉醒和自我救赎。但是光靠自我觉醒是解决不了问题的，尤其在很多体制下是没有主动对冲的意识和习惯的。所以一定还需要从企业层面去对冲。

从企业层面怎么对冲？其实还是要回归用户本身，去发挥用户的裂变效应，打破边界，改变企业和用户的关系，让单体的优秀用户像原子裂变反应里面的原子一样，迸发出裂变的巨大能量，简单来说就是用户的破界裂变。这个背后是一种破界思维，是从拉新的逻辑到用户深度运营的逻辑，它不是一个简单的思维，而是包括了整个资源分配的新模式。也就是让企业将资源主要投放到用户裂变上，以及裂变技术背后的新思考上。现在我们可以看到有很多种裂变模式，比如早期的转介绍就是一种最简单的裂变。早期的优步转介绍是用内容进行裂变；小红书是用分享的模式进行裂变；拼多多是用团购的模式来裂变；还有云集、趣头条等其他模式。

无论形式如何变化，通过用户破界裂变的模式对冲马太效应的本质，就是打破企业原有的线性增长模式边界，打破企业、员工、股东、用户之间的关系，从而塑造一种新型关系的增长模式，我们可以把它定义为破界增长。

在明天思维的驱动下，我们可以看到企业未来发展的核心动力，就是打破对增长模式的认知边界，通过员工和用户的更加创新的激励方式，实现企业的破界增长。达成这种目标，首先，我们需要尊重企业员工和用户，利用数据分析，进行更加精准并且有效的决策，无论是在公司决策层面还是在产品、服务的决策层面，都要把数据驱动决策作为最首要的方式；其次，我们还要改变企业内部的组织方式，通过组织觉醒让一家企业更加自下而上地驱动，更加自组织地管理。同时无论企业的规模有多大，都要提升创业原力，确保企业核心资产——“人力”的自驱力的持续增长，这才是企业实现破界增长的关键。

公司能够持续成功、不断突破自己，实现“从 1 到 N”的指数级增长，背后一定有其强大的增长逻辑。我们对很多新兴的创业公司一直保持着长期关注，并进行了较为深入的研究，发现这些公司火箭般飞速增长背后，都有着一整套差异化的发展路径——重新定义和破界增长，我们分别从发展方向和内在动力层面，将其命名为“方向飞轮”和“动力飞轮”，二者共同构成了本书的主题——增长双轮（见图 2-3）。接下来，便让我们一探究竟。

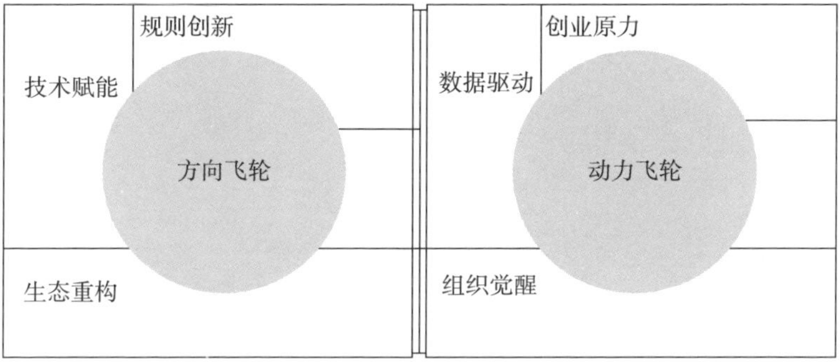

图2-3　增长双轮模型

增长双轮1：重新定义

2016 年，美团 CEO 王兴提出了互联网“下半场”这个概念，但事实上，随着产业发展与网络之间的关系逐渐密切，不只是互联网层面，整个国内经济领域的发展周期都已经进入下一个发展阶段。

经济周期从“上半场”过渡到“下半场”，从某种程度上意味着，跑马圈地式的经营策略已经正式成为过去，对于现在的企业或者创业者来说，需要的是对未来发展的重新定义。

当决定创业，或者企业发展到一个拐点想要寻求突破时，什么最重要？是商业模式，是组织架构，还是产品创新？这些当然都重要，但回归商业本质，排在第一位的始终应该是战略方向。

如果方向是 1，那后面这些都是 0，只有方向的问题解决了，后面这些事才有意义，否则重构组织、产品、商业模式这些都不成立。当然，这个方向不仅仅指要往哪里发展，还包括如何发展的整体规划。

在互联网“上半场”，可以靠用户增长的红利、靠早进入市场、靠资源带动快速发展。但如今，人口红利消失，经济增长放缓，互联网已然进入“下半场”。即便是在“上半场”跑马圈地风光无限的巨头们，也必须以更审慎的态度在大方向上找到发展的破局点。

这便涉及增长双轮中的第一个飞轮——重新定义，也可称为“方向飞轮”。具体而言，重新定义包括三个方法：技术赋能、规则创新和生态重构。今日头条是把“重新定义”这个飞轮应用到极致的典型代表，我们会在第三章中重点讲述今日头条是如何做到的。在第四章、第五章、第六章，则是把三个方法进行深度解析，通过快手、盒马鲜生、超级物种、拼多多、Rocket Internet 等逆袭者和颠覆者的真实增长经历来讲述它们是如何通过“重新定义”的三个方法获得巨大成功的。

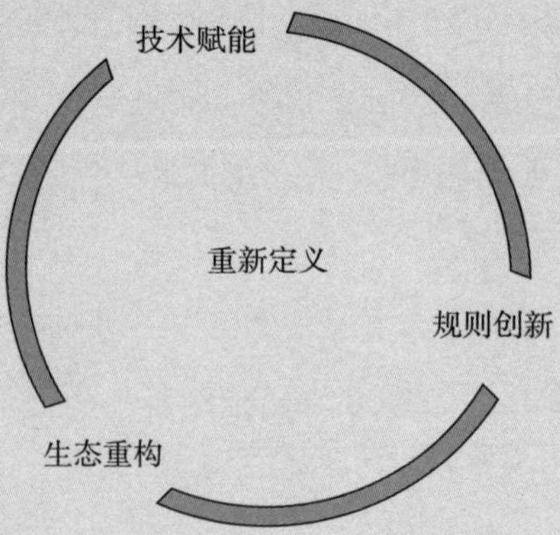

“重新定义”的三大构成要素图

第三章
今日头条：颠覆百度、腾讯的神秘力量

在风起云涌的互联网江湖，字节跳动无疑是近年来一颗闪耀的新星。截至 2019 年 8 月，字节跳动旗下产品全球总日活跃用户量超过 7 亿人次，总月活跃用户量超过 15 亿人次。

成立仅有短短的七年时间，字节跳动旗下的今日头条、抖音短视频、火山小视频、西瓜视频、懂车帝、皮皮虾、飞书等产品都取得了爆炸式增长。伴随一个又一个爆款产品的陆续上线，字节跳动的估值也一路水涨船高。让我们来看一组令人咋舌的数据：2012 年，字节跳动创建；2013 年，估值 6 000 万美元；2014 年，估值 5 亿美元；2016 年，估值 110 亿美元；2017 年，估值 220 亿美元；2018 年，估值已达 750 亿美元，正式超越优步，成为全球最大、估值最高的商业独角兽；2020 年，估值预计超过 900 亿美元，距离加入千亿美元俱乐部仅一步之遥（见表 3–1）。六年间，字节跳动的估值增长超过 1 500 倍，综观全球商业发展史，不能说绝无仅有，但也实属罕见。

表3-1　字节跳动的企业估值

年份	估值
2013	6 000 万美元
2014	5 亿美元
2016	110 亿美元
2017	220 亿美元
2018	750 亿美元
2020	预计 900 亿 ~1 000 亿美元

为字节跳动打开市场局面的，非今日头条莫属，它的出现第一次让外界注意到了这条搅动中国互联网行业的“鲇鱼”。正因如此，就让我们一起来探寻今日头条火箭式增长的秘密所在。

技术赋能：重新定义技术边界

如果仅有好的思路，却脱离了技术的土壤，只会成为天方夜谭，正如在达·芬奇的时代造不出个人飞行器一样。谈及技术对企业增长的重要性，不妨做一个形象的比喻：**配有手枪的杀手，在面对拿着青铜宝剑的对手时，即便对手再勇敢无畏、奋不顾身，他也能毫无悬念地轻易胜出。**因此，我们将技术赋能视为“重新定义”的第一大方法。

亚马逊的起家，与当时互联网技术的迅猛发展息息相关；苹果的涅槃重生和小米的野蛮生长，都深度依赖于智能手机的兴起；美团的快速破局，也离不开移动互联网、4G、移动支付等技术的迅速普及……这些都是技术赋能为“重新定义”提供可能的实例，而今日头条自然也不例外。

今日头条：算法编辑 + 智能分发

罗辑思维创始人罗振宇曾将今日头条比作“母爱逻辑”的产品，用户喜欢什么，今日头条便会通过技术和算法为其推荐什么。在海量的信息中，算法精准地过滤掉了用户不感兴趣或者不认同的内容，全力满足用户的内容阅读需求，让其得到超预期的心理满足感。

2012 年 5 月，字节跳动上线了自己的第一款产品——内涵段子，对标的是搞笑内容社区鼻祖糗事百科。内涵段子以搞笑段子、神评论、短视频等为主，以算法为驱动的内容推荐模式，有效提高了搬运段子的质量、内容分发的准确度，在同类 App（应用程序）中独树一帜。

2012 年 8 月，今日头条的第一个版本上线，对标的是腾讯新闻和百度新闻。基于数据挖掘的推荐引擎产品，今日头条通过爬虫采集各大网站的资讯，以 AI（人工智能）技术实现资讯智能分发，达到了千人千面的个性化效果。当时，市面上从未有过与今日头条（“算法编辑＋智能分发”）类似的大型新闻资讯平台，今日头条在新闻资讯领域的优势不断扩张，成为该领域的领头羊。

在信息爆炸的时代，今日头条无异于一股清流，让人们可以摆脱浩瀚无垠的信息海洋，只读取平台为其精准定制的信息，这便是今日头条一举成名的秘密之一：技术赋能。让用户在极短的时间内，便记住了它彼时的 slogan（口号）——你关心的，才是头条。

个中关键就在于今日头条的智能分发技术，它把每条资讯与每一个用户，都进行了相关的属性连接。用户在今日头条浏览的信息与相关互动行为，都将被后台大数据系统所记录，成为今日头条智能推荐的参考因子。

系统会逐一对信息进行自动判断与智能分析，是关于科技的还是娱乐的？是关于数码的还是前沿资讯的？根据客户端的信息反馈与后台技术处理来进行推送，并得到新的用户反馈，从而形成智能分发的完整闭环。

对于用户而言，则可以通过不断反馈自己的兴趣、喜好来获得更精准的推荐。给每位用户推荐其所关心的信息，才能满足每个人个性化的喜好，特别是在信息大爆炸的移动互联网时代，每一条资讯是否符合用户的口味显得十分重要。这也是对于同一条消息，不同用户反映出不同灵敏度的原因所在。

有必要为“技术赋能”下一个定义：通过还未被大多数竞争对手掌握的技术能力深度赋能产品和服务，实现产品和服务体验远优于竞品的优势，针对基于技术能力所获得的数据，进行智能分析，实现信息和信用沉淀，建立高竞争门槛。通过跨行业的技术颠覆本行业的发展模式和用户体验。

这是今日头条从技术边界的角度，对资讯行业进行的一次重新定义，并由此形成了“一人一世界，人人各不同”的全新打法。

自 2014 年 8 月推出今日头条这款 App，短短 90 天的时间内，订阅用户数量就突破了 1 000 万人次大关，等其他几大巨头反应过来时，今日头条已然成长为庞然大物。今日头条正是通过技术赋能的方式，依靠很少的技术人员，用“绝门算法”和初级人工智能技术，做到了以往人工手段可能需要几千人的团队才能做到的事情，颠覆就此发生。一个热点新闻刚刚产生，今日头条就能在几秒钟的时间内将其抓取并进行分发，速度比任何纸媒和其他竞争对手都要快许多，而推送内容也比任何平台都更为精准。

技术洞见：实现远高于竞品的长期留存和使用时长

今日头条的成功与否，在我们看来，其实并不太重要，因为你无法完全复制它的成功。那么重要的是什么？重要的是它折射出的技术洞见。

言及于此，有必要解释一下技术洞见的概念。所谓技术洞见，是指将创新应用于科技或设计，达到生产成本的显著降低或产品功能和可用性的大幅提升。谷歌公司前 CEO 埃里克·施密特曾在《重新定义公司》一书中写道："Google Search（谷歌搜索）和 AdWords（关键词广告）大获成功的根本原因，就在于背后的技术洞见。依靠技术洞见生产出来的产品，可以与同类竞品拉开显著差距。"

在新闻聚合产品、信息流、短视频领域屡获成功的今日头条，已经逐渐形成包括"数据能力＋技术能力＋流量能力＋资本能力"等元素在内的模式化打法。将大数据和人工智能等技术洞见进行积淀，用于打造产品超强的用户体验，让用户在不知不觉中上瘾，从而提升产品的长期留存和使用时长。

在一些人的观点中，算法推荐技术会让用户的兴趣窄化。如果长久使用推荐系统，用户的见识、知识和见解便难以提高，这或许是对算法的一种误解。聪明的算法工程师都不会希望自己的用户兴趣窄化，就像**没有一个商场的经理会希望顾客每一次来到商场都只关注同一类别的商品**。商场经理希望的是顾客关注尽可能多的产品品类，而算法工程师也希望用户尽可能宽泛地拓展自己的兴趣。

今日头条应用的算法技术，是通过 AI 的深度学习能力进行推荐分发。根据长期以来对行业的观察，我们发现推荐内容的多样性越好，用户的长期留存率便越高。如果只是推高热度内容，用户短时间内可能会点击并停留，但时间一长便会发现内容单一，长期留存的可能性就会下降。

还是用商场来举例。一个喜欢鞋的用户，假如每次来商场都能快速买到自己喜欢的鞋，他的单次消费体验确实会很棒，但最终用户会减少去这个商场的消费次数，除非他又产生了买鞋的需求。要想将用户长期留存在这个商场，就要看透他的兴趣，拓展他的视野，让他买衣服、吃饭、看电影等都在这个商场里完成。

因此，提升内容的多样性，一直都是今日头条关注的焦点，在推荐系统的设计中，通常会采用一些策略帮助系统避免内容窄化。

1. 消重策略

系统会对推荐的内容进行各种层次的分析，从而识别哪两篇文章或视频的相似度较高。比如，尽管文章 A 和文章 B 的遣词造句不同，但讲的内容是同一件事。对于此类文章，如果给用户推荐了文章 A，跟文章 A 相似的文章 B 就不会被推荐。

2. 打散策略

对于同一个方向或同一类主题的文章或视频，比如都是足球类别，今日头条会利用算法来保证推荐的频率不会太高，避免用户在前端感觉内容的同质化，从而保证内容的多样性。

3. 协同过滤

协同过滤并非今日头条的首创，早在十几年前，一些互联网公司便已通过这种方式拓展用户兴趣。协同过滤的做法非常简单、直观，推荐系统会考虑用户 A 跟其他哪个用户比较像，比如他们都点开了同一类内容，或者都喜欢同一类电影，然后将相似用户看过的，但用户 A 还没看过的内容推荐给他，从而实现用户 A 的兴趣探索。

此外，今日头条对于很多重要新闻，以及部分小众热点新闻，都会进行热点运营，通过专题、热点等方式直接推给用户。在今日头条看来，搜索和推荐都是非常重要的信息获取渠道，搜索系统也能反过来帮助推荐系统更了解用户，从而将更丰富的内容推荐给用户。这种做法的结果如何？

图 3–1 和图 3–2 是将今日头条与竞争对手腾讯新闻进行的对比示意图。通过这两幅图，我们能够清晰地看出，在 2019 年第一季度中，今日头条的使用次数和使用时长均大幅领先于腾讯新闻。由此可见，用户更愿意打开今日头条并在上面消耗更多的时间，其用户黏性更高、依赖性更强，这进一步印证了技术洞见对产品的巨大效用。

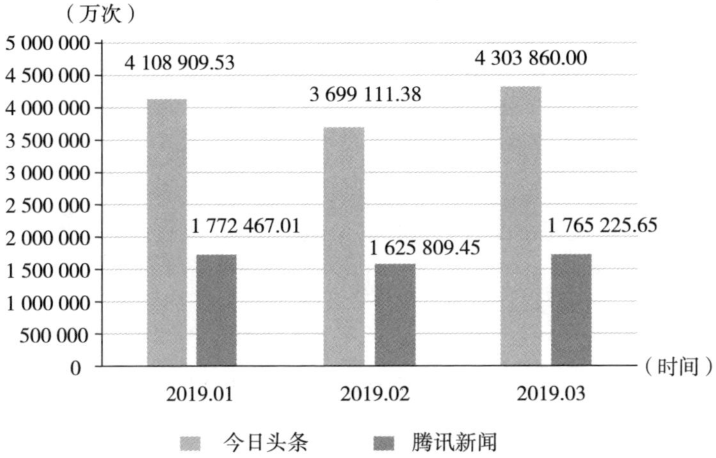

图3-1　今日头条与腾讯新闻启动次数对比

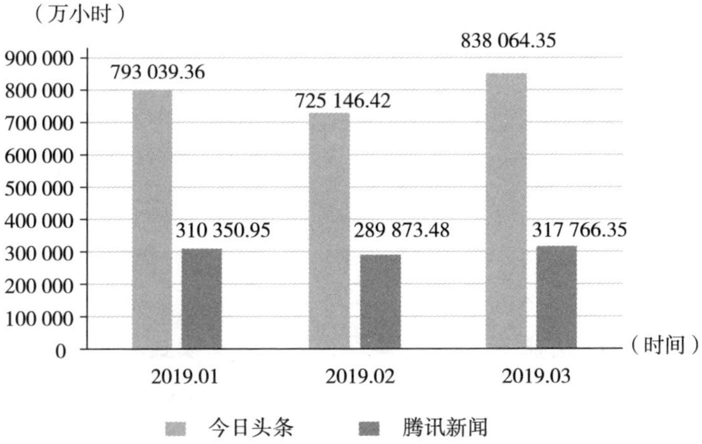

图3-2　今日头条与腾讯新闻使用时长对比

规则创新：重新定义游戏规则

创新理论之父、政治经济学家约瑟夫·熊彼特曾在《经济发展理论》一书中说过，创新就是建立新的生产函数，就是对生产要素的重新组合。

旧经济时代，或者说实体经济时代，底层的驱动逻辑就是规模效应，但是规模效应存在拐点，当规模发展到一定程度，能够为企业增长提供的想象空间将逐步接近上限。慢慢地，规模的经济性也会逐步变成规模的不经济性，原有的线性发展结构也将被打破。这时就需要进行创新，你必须建立新的组合关系或者开拓新的发展渠道，也就是进行游戏规则的创新，才有可能突破阈值，找到下一个机会之窗。

2019 年 4 月，马化腾在青腾大学的演讲中强调："中国经济过去得益于人口红利，未来更多要依靠创新红利。"所谓"创新红利"，其实指的正是规则创新为企业带来的全新蓝海。这是重新定义中的第二个驱动因素，也是十分重要的一个因素。

我们对规则创新下一个定义。规则创新是指从游戏规则层面进行的重新定义，体现为创新商业模式，变更九大要素（价值主张、市场定位、核心资源、关键业务、重要伙伴、收入来源、成本结构、渠道、客户关系）中的一个或多个，使之可以提供"多、快、好、省"的产品和服务；通过极致的产品和服务大幅提升用户体验，进而引发产品的病毒式传播，实现远高于竞品的长期留存、复购率、使用次数和使用时长。

大多数互联网企业的成功都依靠了规则创新，其中有一个共性，也就是互联网行业的本质——用最低的成本获取流量。

规则创新往往能为企业带来 10 倍速的指数级增长。与西方企业相比，中国过去 20～30 年的经济跨越式发展使得很多企业更重视扩张规模，而没有深入思考和理解规则创新，这种粗放式的发展方式限制了不少中国企业的增长路径。时至今日，所有企业都应该向字节跳动学习规则创新，为企业找到未来的发展方向，正如工业时代必须学习管理一样。

接下来，便让我们走进字节跳动的规则创新之旅，看看这家企业如何重新定义行业的游戏规则。

价值主张：从“最新”、“最全”到用户“最爱”

今日头条最初的创业方向是高手林立的资讯行业，或者可以说是内容产业。这个方向可不是蓝海。中国互联网的起步就是从门户网站开始的，搜狐、新浪、网易都是这方面的资深玩家。

当时，除了少数几个头部门户网站有部分原创新闻，大多数新闻网站的内容来源都秉持着“拿来主义”。这些内容的炮制过程，可以概括为两个词——复制和改编。在彼时大众的知识产权意识还未觉醒、相关法律法规不太完善的历史背景下，“天下新闻一大抄”的现象比比皆是。门户网站当然不会直接抄袭，它们与各大通讯社和传统报刊保持着长期的密切合作，从这些渠道获取第一手信息，而一些地方网站和小网站则显得无所顾忌，有些将内容略加改头换面就直接刊登，有些甚至照搬原文、一字不改。

这些网站的编辑，往往一人兼任了传统媒体的记者和编辑两职，负责选源、采集、挑选、改编、发布、互动等步骤，用鼠标和键盘搭建起网站与访客交流的平台。可以说，当时的资讯网站成功与否，关键就是网站编辑的工作成效。由于每个公司的主编擅长的领域不同，这样就形成了不同门户网站各自擅长的领域，比如搜狐是娱乐、网易是财经、新浪是时政等。而用户要想获取各个领域最优质的资讯，就需要分别登录这些网站，去获取相关内容，需要一家一家去找，也就是通过“GET”（拿来）的方式获取自己需要的资讯产品，这就是**资讯 1.0 时代**。

随着互联网基础设施的快速普及，以纸媒为代表的传统媒体加速衰落，经营内容的腾讯新闻、微博等平台异军突起，百度新闻更是以搜索引擎为核心大做内容的文章。这些新兴平台借助全新的信息技术，通过不同的报道形式、不同介质的推送、不同渠道的传播，使新闻报道更全面、更立体、更鲜活，同时还可以快速推送给用户，有效提升了新闻生产和传播的效率，这就是被称为“渠道为王”的**资讯 2.0 时代**。这时的产品模式已经从用户主动获取过渡为平台推送，完成了从“GET”到“PUSH”（推送）的转变。由于平台具备超强的触达用户的能力，优质内容便拥有了脱颖而出的可能。即便内容存在同质化的现象，依然能通过平台的推送能力，更早地抢占用户心智，从而使竞争对手失去用户。那个时代，中国最大的线上媒体已经被百度、腾讯、微博、阿里巴巴等巨头瓜分了，几乎没有任何新的公司可以得到一定的市场份额。传统的资讯巨头搜狐、网易的用户也所剩无几。

如果仅仅是提供远超用户期望的产品和服务，今日头条注定无法从传统大佬们的重重包围中突围而出，张一鸣靠着多年练就的软件功底，以及多年创业积累的经验与独到的眼光，选择了一条全新的技术道路做内容。今日头条起步时的100多人，基本都是技术人员，没有一个文字编辑，也都没有接触过新闻。

他们做的就只有一件事：用纯技术算法的手段，从海量的内容中搜索并挖掘出有价值的内容，根据客户的需要进行“定制化”分发，从“PUSH”的维度上升到了“GIVE”（提供）的维度。至此，资讯行业进入了全新的**资讯3.0时代**。

> 在持续的演变中，资讯行业也逐渐建立起了全新的游戏规则——从“最新”、“最全”到用户“最爱”。

然而，新的商业伦理问题就此产生。

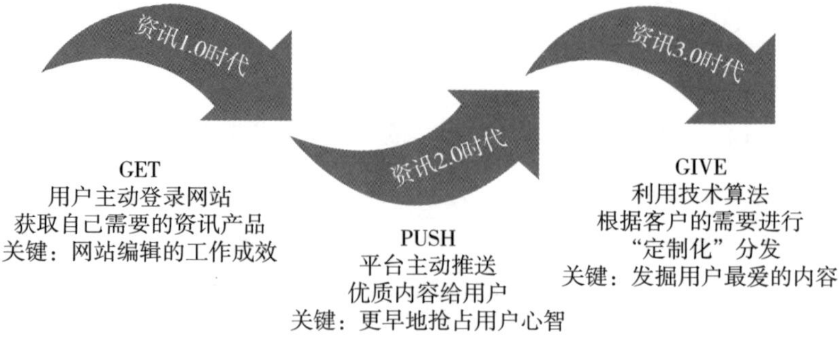

图3-3　资讯时代的演变示意图

2016年12月，《财经》杂志记者在采访张一鸣时，抛出了这样的问题："今日头条有没有价值观？"比起同龄的王兴和程维，张一鸣显然少了些世故和圆滑，说出了那句后来被屡屡引用的回答："媒体是要有价值观的，它要教育人、输出主张，这个我们不提倡。因为我们不是媒体，我们更关注信息的吞吐量和信息的多元。同时，我们确实不应该介入（价值观）纷争中去，我也没这个能力。"

在张一鸣彼时的认知里，今日头条并不是传统意义上的新闻客户端，而是一家没有采编、不生产内容、没有立场和价值观、由算法驱动的技术公司。可对数以亿计的今日头条用户而言，恐怕没有多少人会用"算法平台"对今日头条加以定义，而是笼统地将其视为看新闻资讯的App。

理念上的冲突，很快得到了回应。

2017年9月，《人民日报》连发三篇文章质疑算法推荐，文风不可谓不激烈："拥有精密算法和先进数据抓取技术的智能信息平台，为什么屡屡游走在法律的灰色地带而不能自拔？为什么总在打规则的擦边球？智能平台的身上也应流淌'道德的血液'，不能只为眼前的流量而放弃了长远。"

言及于此，有必要引入"信息茧房"的概念，美国学者凯斯·桑斯坦在其著作《信息乌托邦》中，提出了这样一个观点：公众的信息需求并非全方位的，而是只注意使自己愉悦的领域，久而久之会将自身桎梏于像蚕茧一般的"茧房"中。年轻人在"信息茧房"中待得时间越长，对真实世界的感知能力也就越弱。

《人民日报》的三篇文章迅速发酵，字节跳动和张一鸣本人对此极为重视，积极进行了整改：一是大规模招聘内容编辑，特意加上了党员优先的条件；二是变更使用六年之久的slogan，从"你关心的，才是头条"变为"信息创造价值"。

在此，我们先搁置对今日头条价值主张的是非判断，这将是一场无休止的口水战。重要的是，今日头条正是凭借全新的价值主张，迅速颠覆了传统的资讯行业，实现了在此领域内的弯道超车，也为后来的全网扩张埋下了伏笔，传统媒体企业在今日头条的迅猛攻势之下溃不成军，在此便不再赘述，让我们将目光转向其他领域。

我们从商业模式九大要素的角度来看一下今日头条和竞

品的区别（见表 3–2），分析一下为什么今日头条在如此血海的市场当中有机会突围出来，获得海量的忠实用户。

表3–2　今日头条与腾讯新闻的商业模式九大要素对比

商业模式要素	今日头条	腾讯新闻
价值主张	给用户最喜欢的内容	最新、最全、最快地给用户新闻资讯
市场定位	有大量闲暇时间消费互联网内容的用户	腾讯社交平台上的用户
核心资源	人工智能算法和完善的用户画像数据	微信、QQ 等腾讯社交平台
关键业务	研发人工智能算法，收集用户基础和兴趣数据，获取优质内容	自制或和 MCN[①] 合作内容，通过独立 App 和腾讯社交网络分发给用户
重要伙伴	内容制作方，腾讯、百度等流量平台，广告平台	内容制作方
收入来源	广告为主	广告、游戏等
成本结构	人力、流量购买、内容购买	人力、内容购买
渠道	社交网络、广告可以覆盖的用户群	腾讯社交网络
客户关系	免费提供优质内容	免费提供优质资讯

从表 3–2 中我们可以看到，虽然今日头条和腾讯新闻是同类型产品，但是在商业模式九大要素中有一大半是不同的。

① MCN：内容创作从个体户的生产模式到规模化、科学化、系列化的公司制生产模式。所有有能力和资源帮助内容生产者的公司都可被称为 MCN。

尤其是“价值主张”“核心资源”“关键业务”三个主要的要素更是完全不同。这样的差异决定了今日头条的两个核心竞争力：第一，根据算法和数据给用户进行精准推荐；第二，除了资讯以外给用户精准推荐海量的互联网内容。这样用户一方面体验到今日头条推荐的都是自己感兴趣的、定制化的内容，可以感觉到这个产品真的太懂我了，另一方面在需要浏览更多内容的情况下不用去很多不同的网站上找，在今日头条就可以全部获得。这也就是为什么我们一直在说今日头条是百度最大的竞争对手，因为之前用户这两方面的体验，基本是通过百度来获得的。

商业模式升级：颠覆互联网行业的游戏规则

字节跳动以基于数据挖掘的算法技术为核心驱动，从内涵段子和今日头条的资讯分发、内容分发做起，很快将业务过渡到短视频领域，并取得了业界公认的市场地位。然而，张一鸣的雄心绝不仅仅停留在图文、短视频等内容业务领域，他的真实想法是依靠字节跳动的流量优势，通过人工智能技术、“大力出奇迹”的打法，将互联网各个主要领域全部“重新定义”一遍，包括搜索、社交、电商等互联网巨头的最优势领域。不难发现，张一鸣计划重新定义的领域都是 DAU（日活跃用户数量）超过 100 万人次的成熟领域。

“大力出奇迹”这个说法，是字节跳动最广为人知的破局策略，抖音、西瓜视频等爆款产品的诞生，都离不开这一策略。在张一鸣看来，**做很多事情，刚开始都是很困难的，要调动资源全力以赴尝试很多次，才可能取得进展**。按照他的说法："我最早是在学打台球时听到这句话的，就是说用蛮力把球打进去。以前对于'大力出奇迹'这句话，我是不太认同的。我以前可能比较相信所谓的'道法自然'，觉得凡事应该去找到一个合适的角度然后再去做。现在，随着我个人和企业的成长，我也开始接受这样的方法论，并一以贯之。"

1. 电商

今日头条布局电商领域的步伐早有征兆。早在2014年，今日头条就上线了"今日特卖"栏目，为第三方平台导购；2016年，今日头条又推出"京条计划"，为京东及其他平台导流；2017年，店铺功能开通，众多头条号作者纷纷在原创文章中插入相关商品链接；2018年，抖音又与淘宝达成了战略层面的深度合作。

在为二级电商导流的过程中，今日头条摸索出较为成熟的电商模型方法论，并积累了大量销售数据，而今日头条的带货能力更是有目共睹。

2017年9月，今日头条开设了"放心购"业务，只支持货到付款，并承诺100天退换商品。"放心购"的目标客户是三四线城市的非主流网购人群，且以中老年男性居多。

2018 年 4 月，“放心购”被拆分为“放心购 3.0”和“放心购鲁班”两个产品。前者入驻商家需缴纳 1 万元保证金，可以在今日头条 App 的钱包入口内和自媒体文章页露出，字节跳动从交易额中抽取 10%~20% 的佣金，其逻辑与传统电商平台一致；后者入驻商家需要缴纳 2 万元保证金，并另外预支 1 万元广告费，商品可以在头条展示，根据点击、展现、下单量进行扣费，实质与广点通等广告平台类似。

既有流量支撑，又有算法护航，这是今日头条进军电商领域的天然优势。除了“放心购”之外，2018 年 9 月，独立电商平台“值点”正式上线。

“值点”的选品思路与“放心购”如出一辙，整体架构为“内容+电商”,分为“值得买”和“值得看”两部分:“值得买”中包括服饰穿搭、生活百货、户外出行、健康养生等 11 个品类，定价多在几十元到两三百元，而“值得看”中有汽车、运动、养生等十多类内容，为后续转型内容电商埋下了伏笔。

通过“值点”上硕大的“中老年友好字体”，我们能够清晰地为它的目标客户群体进行画像——年龄偏大、没有网购习惯的三四线城市的中老年男性。值得一提的是，“值点”支持的支付方式有货到付款及网上付款两种，这为这部分较为保守的客户带来了上佳的使用体验。

2. 游戏

在决定亲自入场做游戏前，字节跳动一直在为他人做嫁衣。字节跳动旗下的今日头条、抖音、火山小视频等平台，一直以来都有大量的国内游戏厂商投放广告，发展势头十分迅猛。

App Growing（有米科技旗下的移动营销数据分析平台）发布的《2018年上半年中国手游买量市场分析报告》显示，超过35%的手游广告主会选择腾讯社交广告、今日头条和百度信息流这三个移动广告平台，市场呈现三足鼎立的局面。DataEye（深圳市慧动创想科技有限公司）发布的《2018移动游戏全年买量白皮书》则显示，今日头条和抖音两款产品贡献给移动游戏的买量总量和腾讯社交广告不相上下。

显然，张一鸣并不满足于将字节跳动的海量流量导给第三方游戏厂商，要想"截流"就只能亲自动手，他在游戏领域的第一步是游戏直播。

2018年1月，西瓜视频上线游戏直播业务，6月开始招募手游和端游的游戏主播，并为张大仙等十位头部游戏主播拍摄短纪录片。

直播之外，字节跳动还将游戏业务拓展到游戏发行和小游戏。2018年6月，今日头条上线了"今日游戏"模块，包括各类游戏产品以及游戏自媒体的内容。同年 8 月，抖音开通了抖音游戏官方账号。两个月后，今日头条正式上线小游戏功能，张一鸣常在官方头条号上分享小游戏心得，足见其对游戏业务的关注。

2019 年 2 月，抖音上线了一款音乐节奏小游戏“音跃球球”，该游戏以抖音神曲为背景音乐，可直接在抖音中操作，用户需要根据音乐节奏不断点击屏幕，以防止游戏中的小球坠落，曲子播放完毕后，用户即可挑战下一关。

一个月后，字节跳动收购了三七互娱的一家子公司——上海墨鹍数码科技有限公司。通过此项收购，字节跳动自主研发游戏并以游戏变现的意图展露无遗。

2019 年底，字节跳动又全资收购了国内的 AI 游戏公司深极智能，该公司可以通过 AI 算法自动生成游戏关卡，一定程度上降低了游戏研发的成本，提升了用户体验。可见字节跳动在游戏领域的布局也是通过“技术赋能”（AI 技术）来颠覆游戏行业的游戏规则。

2019—2020 年，今日头条、抖音已经成为游戏公司广告投放的第一选择，由于其强大的人工智能推荐能力，确保了较高性价比的广告投放效果。对于字节跳动来说，无论是做游戏发行、游戏直播还是游戏自研，都是水到渠成、顺理成章的事情。在互联网行业中，游戏、广告和电商一直以来都是流量变现的三驾马车，“流量优而做游戏”是互联网企业较为常见的现象。

3. 企业服务

张一鸣对字节跳动企业内部的社交产品、沟通产品的理解，也与企业微信、钉钉大有不同。

2019年，字节跳动的企业办公套件“飞书”正式上线，整合即时沟通、日历、在线文档、云盘、应用中心等多种功能于一体，旨在提供品质卓越的云协作体验，成就组织和个人，使协作和管理更高效、更愉悦。与市场上主流的普适性企业IM（即时通信）工具（如钉钉、企业微信，可以免费使用，通过第三方盈利）不同，飞书是针对中大型企业设计的收费工具，虽然起步较晚，但定位的不同，依然让飞书在海外市场率先取得了一定成绩。到目前为止，飞书的业务主要有两个方向：一个是以新加坡为基地，向海外客户提供服务；另一个是向字节跳动内部员工提供服务，帮助不同办公地点的员工，高效地实现异地协同办公。而随着业务的逐渐成熟，以及在海外市场试水的成功，飞书也开始回归国内市场。2019年字节跳动进行的投资或收购项目，有很多是为飞书的发展所进行的搭桥铺路，比如在“朝夕日历”和“幕布”等社交平台被收购之后，其创始人与CEO都进入飞书负责相关工作，这是人才的积累；而投资主打视频会议服务的“蓝猫微会”，则是技术的积累。

与钉钉自带阿里巴巴式的扁平化组织风格一样，飞书的模式也充分体现了字节跳动对于组织效率的认知。张一鸣曾经说过："决策指令不是单纯地上传下达，而是让同事之间通过提供上下文，通过内部信息透明来解决问题、做出决策、提高效率。"所以在飞书的平台上，员工可以看到其他所有同事的基本信息、汇报关系甚至是工作进度。而且，在群聊的页面，用户可以针对某条信息进行单独回复，省略了跳出页面，避免了重复选择的过程，提高了沟通效率。除此之外，飞书在一些细节上也进行了优化，比如，在置顶操作之后，置顶的对话框会缩略成头像的形式进行横向排列，提高寻找效率的同时，也节省了屏幕空间。

虽然从目前来看，飞书在国内才刚刚起步，但其自身具备的优势和精准的定位，都注定了其在未来会成为钉钉与企业微信这两大霸主级企业 IM 工具的重要竞争对手。

飞书与其他竞品最大的区别是其基于业务流、项目流的沟通和项目管理系统，而不是基于组织架构，这样设计的原因是字节跳动的公司管理形态是基于业务流、项目流展开的。这种以业务驱动、项目为核心的管理方式让字节跳动的执行力超强。张一鸣也想把这种先进的管理理念和方法赋能给更多企业，只要是字节跳动进入的领域无一例外都希望彻底颠覆该领域的游戏规则。因此说这家企业是互联网领域最敢于创新、试错的企业之一，丝毫也不夸张。

回顾字节跳动的产品布局，从具备媒体属性的今日头条，到具备社区属性的内涵段子，再到具备社交媒介属性的抖音，字节跳动正在一步一步不断加强用户之间的关系链和互动性，离最后的山顶（熟人社交）已经越来越近。

4. 公益

早在2016年，字节跳动就在今日头条上线了“头条寻人”功能，致力于帮助各类家庭寻找走失者，其原理为在走失者失踪地点附近弹窗寻人信息，借助头条的庞大用户，极大地提升了寻人成功的概率。

作为企业社会责任的体现，“寻人”这件事很多互联网公司都曾做过，在做这件事时，字节跳动内部有过很多讨论，有同事建议将寻人信息放在404的页面上，而张一鸣则旗帜鲜明地反对这种做法：“我们如果要做，就认真找到能解决问题的办法。”

当用户达到一定密度时，字节跳动开始尝试通过LBS（基于位置的服务）的方式进行寻人。很快，这种精准的寻人方式在河北燕郊就有了第一个成功案例。

2016年大年初一，河北燕郊的一位老奶奶走失，家人十分着急，在微博发布寻人消息，苦寻一天依然未果。初二上午，字节跳动检索到该信息，并经过媒体和家人确认后，于当天中午将这条寻人信息作为一条弹窗信息，弹到廊坊地区所有今日头条用户的手机上。后来的数据显示，这条寻人信息被推送给了28万多人，不少好心人在看到之后，都向字节跳动反馈了自己掌握的一些信息。最终，老奶奶被家属找到，事情画上了一个圆满的句号。

迈出第一步后，字节跳动的寻人团队又进行了仔细测算，探索如何更大规模地解决寻人问题，甚至是否能够满足全国的寻人需求，为此，寻人团队自己摸索出一套寻人系统。

张一鸣对寻人团队一直保持着极高的关注度："希望我们所有的公益项目都认真追求可持续、大范围、高效率，不要做表面工作。"三年时间过去，头条寻人已经是中国高效且成功找到人数最多的平台之一。

除了寻人，字节跳动对公益事业的关注还体现在扶贫上。脱贫攻坚战是党的十九大提出的三大攻坚战之一，字节跳动积极响应国家号召，充分调动了企业各条业务线的优势资源，全力推进科技助力扶贫工作，启动了"山货上头条"和"山里DOU是好风光"两个扶贫项目，同时为了带动全平台用户一起参与社会扶贫工作，还发布了"三农合伙人计划"和"扶贫达人计划"。

（1）山货上头条

"山货上头条"依托于今日头条、西瓜视频、抖音、火山小视频等字节跳动旗下产品，整合优质作者资源来创作内容，将有潜在购买需求的用户、拥有优秀创作能力的内容创作者和急需流量推介的特色农产品连接起来，形成完整的农产品销售闭环。

2018年，“山货上头条”项目重点打造了六款扶贫产品，即四川古蔺脆红李、陕西合阳秦薯、湖南十八洞猕猴桃、内蒙古兴安盟科右中旗沙地大米、云南梯田红米和重庆奉节脐橙，累计销售近46万件，总销售额超过1 900万元，惠及1.7万多户贫困家庭。

在推广重点产品时，字节跳动联合平台上600余位内容创作者，创作生产了超过800篇内容产品，阅读量高达1.2亿次。此外，“山货上头条”抖音账号也为重点打造的扶贫产品提供了14亿次的曝光量。

（2）山里DOU是好风光

“山里DOU是好风光”项目是字节跳动于2018年7月提出的“金稻穗计划”的延续。这个项目的初衷，在于通过抖音短视频，帮助贫困地区的特色旅游景点打造品牌，助推其成为热门景点，带动当地旅游产业的发展，提高当地居民的收入。

抖音团队将为贫困地区免费提供定制文旅推广方案，组织专业内容团队去当地采风，创作专业、优质内容，并设置挑战赛等，加大对优质景点的流量倾斜，助推当地完成全国知名度的冷启动。

与此同时，抖音小店和地理位置信息等产品功能，可以帮助贫困地区挖掘有潜力的吃喝玩乐设施，促进当地文旅产业长期发展。这些产品功能，除了丰富视频本身的信息，也能有效带动相关店铺的收入增长。

（3）扶贫达人计划

“扶贫达人计划”是字节跳动公益道路上的又一力作。在这个计划中，字节跳动通过训练营的形式，培训贫困地区的用户在新媒体平台发布文字、图片、视频等内容，展现贫困地区的美景美物，从而带动当地农产品的销量，赋能本地农户，形成“造血式”扶贫的可持续发展模式。

“从来没想过有一天，我不但能靠内容创作养活自己，还能帮助大山里的村民把农产品销售出去，实现自我价值。”凭两条微头条帮助秦巴山区的村民卖出 400 单山货后，字节跳动扶贫达人团成员“野村纪”在自己的头条号上写下了这段话。

“野村纪”是字节跳动扶贫达人训练营的成员之一。他通过微头条内容创作，不仅帮助贫困县四川苍溪县卖出 400 单的天然竹荪，还为自己挣到近 2 000 元的收入。山货卖了出去，当地村民给他寄来竹荪表示感谢，他激动地说：“谢谢认可，终于第一次觉得自己也是个有用的人。”

在字节跳动的扶贫达人训练营中，像“野村纪”这样找到自我价值的故事还有很多。目前，训练营已开展多期培训，参与培训的人数接近万人，覆盖全国20多个省份的381个贫困县，培训学院累计发布扶贫相关内容将近5万条，阅读量累计超过4亿次，帮助销售扶贫产品数万单，孵化了带动家乡扶贫产品销售的许多自媒体。

（4）三农合伙人计划

作为金稻穗的子计划，字节跳动向全社会公开招募30位致力于三农信息普惠事业的“三农合伙人”。每位“三农合伙人”，在起步阶段将获得价值100万元的站内流量用于扶贫。

此项计划的社会反响远超字节跳动的预期，在计划公布后的三天里，字节跳动便收到了4 000余份“三农合伙人”的报名申请，涵盖知名学者、政府机构、新闻媒体、MCN机构、三农创作者和公益组织等，报名的速度甚至超出了字节跳动回复的速度。

在技术的强大赋能之下，字节跳动从资讯领域出发，向短视频、游戏、电商、社交、公益等全网业务发起了强有力的冲击，并且收获颇丰。张一鸣从未将字节跳动定位在某个具体市场，而是不断通过技术力量和“大力出奇迹”的方法论，打破传统公司的游戏规则，重新定义了一个又一个行业。从这个层面而言，或许可以将它称为一家“无边界”的公司。

从整体的商业模式来看，字节跳动重新定义了资讯平台企业的核心资源（AI推荐算法），关键业务（通过技术赋能提高算法推荐的准确度），重要伙伴（流量合作商和广告合作商）等九大模块中的重要组成部分，而商业模式的改变自然会引发规则的创新。

生态重构：重新定义价值网络

企业与其他企业和环境之间，像是一个命运共同体，需要共同经营赖以生存的产业资源和市场空间，让蛋糕越做越大，而不是相互蚕食，越做越小。但资源稀缺几乎是所有企业的魔咒，如果同质产品或相似的服务在同一市场区间内存在，自然会出现生态位重叠的现象，弱肉强食、优胜劣汰的自然法则不可避免。为了避免红海竞争的惨烈结局，在企业对游戏规则进行创新且被先进技术赋能之后，还需要重构现有的商业生态，重新定义企业的价值网络。

谈到价值网络的话题，创新大师克莱顿·克里斯坦森是绕不过去的名字。他在《创新者的窘境》一书中，首次提到了价值网络的概念。克里斯坦森对价值网络的解读是："这是一种大环境，企业正是在这个大环境下，确定消费者的需求，并对此采取应对措施，解决问题，征求消费者的意见，应对竞争对手的竞争，并争取利润最大化。在'价值网络'中，每一家企业的竞争策略，特别是过去它对市场的选择，决定了它对新技术的经济价值的理解。这些理解反过来又反映了不同企业希望通过创新所获得的回报。”

生态重构是规则创新的深层次体现，我们对其下的定义是：通过对生态链上各个相关方“责权利”的重新分配，根本性地改变各个相关方和平台的合作关系，实现用户至上、价值回归和多维共赢。

在改变生态中的关系之后，朋友可能变成敌人，敌人也可能变成朋友；原有的玩家可能消失，新的玩家也可能加入。

举个例子，O2O（线上到线下）的去中间环节，就是降低了用户和商家付出的高昂且不透明的渠道销售成本，这便是对原有价值网络的重新定义。

内容合作方：把简单生意变成合伙人

高速增长的背后，今日头条也隐藏着各种危机，比如早期的内容版权问题。

今日头条发布之初，一直依靠爬虫算法从各大媒体抓取内容，但随着今日头条的体量和市场占有率的越发庞大，广告业务也做得风生水起。各大媒体、版权公司纷纷起诉今日头条，要求今日头条支付版权费。而张一鸣的应对方式，则是与各大媒体公司商量，邀请媒体公司入驻头条号。

从2015年开始，今日头条的价值网络发生了一个巨大的转变，从内容分发平台转变为内容生产平台。为了解决内容侧的供给问题，今日头条出炉扶持1 000个头条号的计划。2015年10月，头条号新增原创内容和打赏功能，帮助内容创作者获得更大的收益。在2016年的“头条号创作者大会”上，张一鸣又宣布要拿出10亿元进行补贴，鼓励内容创作者创作出更多优质的原创作品。

2016年3月10日，张一鸣宣布成立高达2亿元的内容投资基金，专门针对早期新媒体项目，目标是投资超过300家内容创业团队，并将优先关注视频项目，单笔投资金额为30万~100万元。有别于其他投资基金，张一鸣将内容投资基金定位于“内容创业者的第一笔投资”，流程十分简单，仅需1页纸的条款，24小时内进行决策，内容创作者在72小时之内就可以拿到钱。

除了直接给予现金投资，今日头条还为这些优秀的内容创作者专门打造了“头条号创业空间”，并对入驻项目提供流量扶持、创业补贴、融资对接、办公空间、创业培训、行业沙龙等综合服务，将简单的合作生意，变成了牢不可破的合伙人关系。

在一系列真金白银的投入之后，今日头条彻底改变了业界对其“拿来主义”的看法，一大批优秀的内容作品，为今日头条带来了源源不断的新鲜血液，极大程度地提高了用户黏性，彻底重构了企业原有的内容生态。

在 2018 年“头条号创作者大会”上，时任今日头条 CEO 的陈林颇为感慨地说道：“三年前，我们举办了第一届头条号创作者大会。那时今日头条创作者的数量还不到今天的 1%。三年过去，种子已经生根发芽，长成了茂盛的森林。”

张一鸣 2019 年在回首头条号的发展历程时，同样深有感触：“头条号现在已经有很大的影响力了，从图文视频问答，到直播支持扶贫，成为移动互联网上非常重要的内容生态。2014 年，我们决定做头条号平台的时候，进展是非常缓慢的。产品非常简陋，邀请作者非常困难。当时头条号的产品和运营人员在本职工作以外，每周都需要邀请作者入驻，在微博私信和微信公众号后台给创作者留言，从‘智能推荐是什么’和‘今日头条是什么’开始解释，经常找几百个人才有几个愿意入驻。内部也产生很多声音，质疑我们能不能做起来。但我们还是觉得这对构建平台的内容生态非常重要，我印象中陈林特别坚持。在这种情况下，公司发动全体员工邀请作者入驻，很多同事就从邀请自己身边的自媒体朋友开始，所有同事都兼任头条号作者的客服，答疑解惑，在内部沟通解决各类问题。”

从“种子”到“森林”，对于充当“守林人”的今日头条来说，关键词也从“补贴”变成了“变现”、从“流量”变成了“平台”。补贴永远不是目的，今日头条希望为内容合作方提供更多的变现可能。通俗而言，就是让他们减少对补贴的依赖，自食其力。

为此，今日头条在 2018 年推出了一组“创作者服务包”，其中包括 1 对 1 服务、IP（知识产权）打造和多元化变现方式。早在 2016 年底，今日头条就推出了商品功能，允许内容创作者在图文、图集和视频中插入商品链接，在用户点击购买商品之后，内容创作者可获得一定比例的佣金。2018 年 1 月推出的“头条小店”，则允许有商品供应能力的作者开通小店。

比如，“三农”达人“巧妇 9 妹”的头条小店，通过拍摄视频为自己家乡的水果带来超过 800 万元的销售额，其中粉丝订单占比 86%；军事类账号“军武次位面”，主营军迷喜欢的模型、服饰等，粉丝购买订单占比达到 83%。如果没有优质的原创内容和高黏度粉丝，没有今日头条平台技术的支撑，自然也不会有他们如今的成功。

除了购买商品，面向 C 端的还有直播和内容付费。虽然在千播大战过后，市场对直播的热情逐渐冷却，但通过直播获得打赏，依旧是人格化 IP 的变现利器。只要深耕垂直品类，吸引特定人群，内容创作者总会找到赚钱的机会。

内容付费是 2018 年的新增业务，有了内容付费的盈利渠道，内容创作者的盈利方式就从广告、打赏进一步扩展到了自身内容的生产，从而使原创内容自身产生了商业价值。从根本上说，广告、打赏比拼的是内容吸引流量的能力，而内容付费比拼的则是留住流量的能力。显然，这对原创内容提出了更高的要求。

广告合作方：通过打通数据实现各方高效、共赢

长期以来，字节跳动一直遵循着左手流量、右手广告的商业模式，将做内容、造流量、卖广告的这套流水线作业方式玩得炉火纯青。毫不夸张地说，在国内互联网行业，最深刻理解移动互联网运营核心本质的，唯有字节跳动这一家。

根据行业调研机构给出的数据，2018 年全年，今日头条 App 的广告收入约为 290 亿元，抖音的广告收入约为 180 亿元，合计约为 470 亿元，而 2018 年字节跳动的总收入约为 500 亿元。换句话说，字节跳动 2018 年的绝大部分收入来自广告。

市场监督管理部门发布的数据显示，2018 年中国广告经营额达到 7 991 亿元，同比增长 15.88%，高于 2016 年和 2017 年的 8.63% 和 6.28%。整体来看，国内整个广告行业还是保持着强劲的增长速度，其中网络广告的增长更快，2016—2018 年的增速分别为 32%、30% 和 31%，高出整体广告行业增速的一倍还多。最厉害的还是移动互联网广告，近三年的增长率分别为 75.4%、45.66% 和 49.63%。

基于移动互联网广告的飞速发展，字节跳动给出了 2019

年实现 1 000 亿元营收的目标，在如此大体量下实现超过 100% 增长，颇有几分赶超传统网络广告巨头百度和腾讯的架势。要知道，2018 年百度广告收入约为 573 亿元，而腾讯的广告收入也才 581 亿元。

字节跳动的广告雄心来自何处？当然是它与广告合作方的良好合作关系。据我们调研，字节跳动的广告业务有以下三大明显特点。

1. 最全用户画像

随着移动互联网的发展及 5G 时代的到来，中国的广告生态变得日益复杂多样，传统的营销手段因其推广成本高、获客转化率低，难以满足新营销环境下高端品牌对“品效合一”的需求。如何更精准地营销，达成流量变现，成为各大广告主在营销方面亟须突破的瓶颈。而在张一鸣看来：“今日头条在广告这方面，应该是困惑最少的公司，虽然大家在不断探索新的商业模式，但是今日头条还是做精准的需求广告。”

早在创业之初，今日头条就深入研究了百度搜索和百度各个子平台内容的 SEO（搜索引擎优化）策略，在此基础上进行了颇有创意的反策划，通过对百度搜索超过百万个关键字的 SEO，获得了大量百度用户的行为数据。

与此同时，今日头条还充分借助了微信分享功能里的一个早期疏忽，通过在产品侧对用户进行引导，获得了大量用户的关系链数据。在此基础上，今日头条的技术团队还从各个超级 App、运营商和硬件厂商处获得了大量用户的数据，从而绘制出比 BAT（百度、阿里巴巴、腾讯的简称）更为全面精准的用户画像。

千万别小看了用户画像的作用，针对用户年龄、性别、地域、兴趣爱好等定向推送能为广告主带来更为精准、客观的投资回报。广告方在今日头条开户上线后，便可实时查看各条广告的互动曝光情况。

这些关键数据的获取看似容易，但实际上在业内是件极其难得的事情。BAT 等巨头都将用户数据视为自己的宝贵财富与护城河，对其严防死守，压根不会和广告主们分享，这便形成了实质上的“数据孤岛”。

今日头条的做法与 BAT 截然相反，基于持续交付架构下高效的中台系统，张一鸣几乎将企业所有业务的数据打通，并极其重视与合作方的数据共享。有业内朋友将其戏称为“变态式”的数据共享系统。得益于这一系统，今日头条有效保障了广告展示形态的多样性，广告投放更精准，广告形式更匹配用户属性。更为重要的是，在这套系统中，此前积累的所有广告素材都能得到高效完善，从而极大程度地提升了广告投放的性价比。

得益于业内最全、最精准的用户画像，在短短的两三年间，今日头条的广告收入便实现了井喷式增长，广告销售团队也随之高速扩张，至今已超 2 万人。

2. 打通线上线下

多元化的产品矩阵，为今日头条在不同维度解读用户奠定了坚实的基础，也为广告主提供了可遐想的巨大空间。与腾讯更加重视线上广告不同，今日头条将线上线下广告全维度打通，从广告体系建立初期，就充分展示了其要颠覆百度和腾讯的巨大野心，并且要撬动传统广告市场，成为广告领域的新兴霸主。

以拥有多个店铺的广告主为例，今日头条会通过兴趣关键词定向，筛选出关注该行业的潜在目标用户，并以门店推广作为投放目的，为每家店自动填充本地化的广告内容，创建本地动态广告，实时显示动态 LBS 信息。同时，利用店铺定位工具、立即拨打或查询线路等“行为召唤”按钮，帮助用户前往或联系最近的分店。

此外，今日头条还为每家分店指定不同定位范围的灵活位置定位工具，面向店铺周边特定距离内的用户群推广，广告主在针对门店访问进行优化时，也可同时使用其他转化方式，如电话号码收集、加粉、优惠券领取等，进一步提升转化率，同时还兼顾了公众号的增长及留存，真正完成集拉新、促活、留存于一体的营销推广。

3. 内容共建

按照张一鸣最初的设想，他希望采取传统的代理模式，与各个地区的广告代理商合作售卖字节跳动的广告。然而，事情并没有想象的那么简单。地区广告销售的负责人在背负着极有挑战的KPI（关键绩效指标）奔赴战场时，才发现虽然今日头条主站的流量非常可观，但是地方站的流量却少得可怜，这便导致了各地广告代理商的兴趣缺失。

此时的今日头条面临两个选择，大家都能想到的便是安排各个地方站透支主站流量，按照原计划销售广告。通过这种方式，确实能够让地方站的短期业绩快速增长，但长期来看恐怕后劲不足。

张一鸣选择了另一条路，他和地区广告销售的负责人做了一个现在看来充满智慧的决策——他们顶着投资人的压力，让负责广告销售的团队迅速转型，帮助各个地区的广告代理公司深耕地方内容，将他们从广告代理商变成了内容提供商，并给予合理的内容补贴。

在此过程中，今日头条还与这些合作伙伴成立了多家合资公司，将之前的商业合作关系一举转变为拥有共同股权关系的一家人。这些地区的内容建立起来之后，一方面丰富了整个今日头条的内容体系，为用户提供了更优质的本地化服务，另一方面又为广告销售提供了更多的资源位。

更为重要的是，这些“广告代理+内容提供商”获得了最大的利益后，便陷入了对今日头条的深度依赖中。这种深度绑定、长期共赢的生态共建思路，大大增强了合作伙伴的忠诚度和黏合性，为今日头条搭建了极为坚实的行业壁垒。即便出现竞争对手想要撬动今日头条商业生态的情况，也会很快陷入被动，最终败下阵来。

流量合作方：百度、腾讯早期是朋友，后期是敌人

今日头条在发展初期，曾有过一段借助微信 Deeplink（深度链接）漏洞为自己导流的日子，彼时的腾讯和今日头条或许还能在某种意义上称为朋友。2017 年 12 月在乌镇召开世界互联网大会，在腾讯系的酒桌上，马化腾跟张一鸣把酒言欢共同入镜，其乐融融。他们应该没想到，在短短半年之后，腾讯和今日头条的关系便会急转直下。正所谓商场没有永远的朋友，只有永远的利益，此乃古训，亦为警钟。

中国的互联网圈子从不缺乏故事。相信很多人都对当年的“3Q 大战”记忆犹新。2018 年，“3Q 大战”有了全新的版本——“头腾大战”，这又是一个十分精彩的商战故事。

风起于青萍之末。中国移动互联网的变局，是从毫不起眼的一天开始的。2018 年 3 月 7 日，腾讯董事会主席兼 CEO 马化腾在“两会”上接受《中国日报》记者采访时表示，腾讯正在探索发展短视频。一天后，抖音链接分享到微信朋友圈后仅为自己可见，3 月 25 日，抖音分享到 QQ 空

间后仅为自己可见。当天，“朋友圈屏蔽抖音”还登上微博热搜。

对此，腾讯方面搬出“阈值”和“bug”（漏洞）的说法：朋友圈“屏蔽”是阈值限制；QQ 空间“封杀”是系统 bug。腾讯表示，并非针对抖音短视频，而是对腾讯旗下内容产品一视同仁。

所谓“一视同仁”，原指的是微视。2018 年 4 月 2 日，腾讯“复活”了此前关停的短视频 App 微视，发布首次重大更新：安卓 4.0 版本。九天后，腾讯在平台上开启了“互联网短视频整治”。抖音、快手、西瓜、火山等短视频链接分享到微信、QQ 后，无法正常播放。

一个月后的 5 月 8 日，张一鸣发了一条朋友圈，庆祝抖音海外版登上 App Store（苹果应用程序商店）一季度下载榜榜首。在这条消息下他写道：“微信的借口封杀、微视的抄袭搬运，挡不住抖音的步伐。”马化腾很快回应：“可以理解为诽谤。”

两位创始人隔空互撑后的第十天，腾讯于 5 月 18 日发布关于进一步升级外链管理规则的公告。这一公告后来被戏称为“史上最严外链公告”，受此影响，超过 30 家短视频 App 无法在微信中分享。由于腾讯坐拥视听许可证，微视可以恢复在微信内部的分享，而抖音、快手、西瓜、火山将继续被名正言顺地封禁。三天后，微信删除了用许可证来规范视听内容这一项，但“互联网短视频整治”仍在持续。

2018年5月是“头腾大战”炮火最密集的一个月。5月15日，今日头条方面称，抖音个人主页图片疑遭朋友圈屏蔽。腾讯则回应：部分App分享朋友圈显示不正常，现已修复。5月16日，腾讯电脑管家标记西瓜视频为内含不安全网站。起因是监测到该域名含有大量“腾讯分分彩”违法赌博内容，传播恶意网址的比例超高，超过80%。5月27日，西瓜视频发布题为“感谢腾讯管家的监督，但请勿造谣”的声明，表示：“超过80%”纯属造谣，相关视频不足四百万分之一；腾讯平台同样存在大量违法赌博内容，但却被标记为安全。此后，腾讯承认平台上同样存在同类恶意链接，但因为传播量级较小，并没有触发风险提醒。同一周，腾讯低调上线短视频App下饭视频。

山雨欲来风满楼。整个5月，“头腾大战”最受瞩目的是两件事。其一是微信“封杀”抖音H5。其二是今日头条推送新华网弹窗。5月30日下午，新华网发布稿件《多少道文件才能管住网游对少年儿童的戕害》。当天傍晚，今日头条跟推百度新闻弹窗，发布者从“新华网”变为“新华社”，标题变成《新华社：要多少文件腾讯才肯收手》。

6月初，“头腾大战”达到最高峰，升级到法律层面。2018年6月1日，腾讯公司发布公告称，已起诉今日头条及抖音，要求就声誉影响赔偿1元并道歉。同日，今日头条向法院反诉腾讯，要求腾讯就“不正当竞争”赔偿9 000万元。

此后，双方你来我往，见招拆招，在此不一一详述，仅挑具有重要意义的事件。

2019 年 1 月 15 日，抖音发布了新社交应用多闪。当天还有两款社交产品发布：王欣的马桶 MT 和罗永浩的聊天宝。这三款应用相继被微信封杀。罗永浩自嘲说：“历史将会记住这一天，三个还不知道怎么回事的社交软件被国民级应用封杀了。”

2019 年 2 月 18 日，广州知识产权法院裁定，西瓜视频 App 停止直播《王者荣耀》的游戏内容。这是近年中国游戏直播行业的第一个行为保全禁令。

时至 2019 年 8 月，“头腾大战”硝烟再起，今日头条和腾讯轮番刷屏，先是今日头条官微发布招聘消息，成立搜索部门，招兵买马。虽然此举受威胁最大的可能是百度，但不可否认，加码搜索的今日头条，将对公司整体实力带来提升，此举无形中也给竞争对手腾讯带来一定压力。不知是否出于巧合，随后腾讯被爆出已基本完成对快手的投资，快手有望接手腾讯的短视频业务，而众所周知，短视频是字节跳动发展的一大利器。

互联网公司之间的血腥竞争本属正常。但为什么腾讯到今天还要忌惮今日头条？又为什么两家之间的商战会升级？答案其实很简单，就是利益二字。

腾讯以即时通信和社交起家，从“人”出发，先连接人，再连接“内容”，进而连接一切。今日头条则从信息分发起步，先分发信息和内容，再触达用户情感，进而再努力连接“人”。可以说，两者出发点不同，但最终都侵入了对方的“战略腹地”。因此，从业务发展角度来看，两者存在直接的业务竞争。

今日头条以往一贯坚持特立独行，坚决不站队，和巨头保持距离。这样的策略看似鲁莽实则聪明，因为这样就为自己创造了更大的生存空间。

然而，在与腾讯产生直接的利益纠葛之后，今日头条不惜从根本上改变腾讯这个早期的流量合作方与自己的合作关系，转而与阿里合作，继抖音内置购物车按钮可直通淘宝后，又传出阿里巴巴、云峰基金参与今日头条融资的消息，数次传闻虽都被当事方否认，但无风不起浪，今日头条和阿里巴巴的暧昧再明显不过。

生态重构的过程从来都是充满了血腥和残酷，“头腾大战”最终将会走向何方，现在看来依然是一片迷雾，但只要存在利益，这样的故事必然还会一再上演。互联网的战场分分合合谁也说不清楚，滴滴、快滴势如水火的两家公司可以合并，58 同城和赶集网“死掐”了一辈子也终于成为一家人。58 同城的创始人姚劲波曾经说过一句话：“我和浩涌（赶集网创始人，现为瓜子二手车创始人）都能合在一起成为一家人，就没什么仇恨是不能化解的。”58 同城和赶集网合并之后，姚劲波也展示了其超高的智商和情商，集公司之力对瓜子二手车大力扶持，无论是资金还是资源都不遗余力地给予帮助。

可见互联网这个世界，没有永远的敌人，也没有永远的朋友。只要大家的价值观一致，愿意把用户利益放到第一位，想尽一切办法为用户提供更好的服务，那么，一切皆有可能。我们也希望看到，在互联网生态当中，有更多的合作与良性的竞争，继续缩小我们和海外科技巨头在“技术创新”方面的差距。

第四章
技术赋能：红海突围，将不可能变成可能

“科学技术是第一生产力”，是决定改革开放成功的重大命题之一。现在，这一命题又发展出了新的模式——技术赋能。过去，企业通过技术进步实现了生产力的飞跃；而现在，企业依然需要技术赋能来完成红海突围。

华为重写手机行业市场版图

随着互联网技术在企业经营中的广泛应用，未来将没有互联网企业与传统企业之分。如今，随着生产力水平的提高，企业整体经营能力的提升以及网络技术的普遍应用，技术优势已经不再独属于某个企业。现在谈及网络购物，人们想到的不只是阿里巴巴，还有京东、拼多多等其他平台。

2018 年，在首届中国国际智能产业博览会上，马云就曾提道，“未来不是我们这些互联网公司的天下，而是用好互

联网、用好智能技术的公司的天下”。在手机行业这个趋势尤为明显，小米崛起并且能成为世界500强企业，是因为雷军预判了行业发展趋势，将互联网技术与事件营销发挥到了极致。初期小米产品的确个个惊艳，但随着市场竞争日趋激烈，只赚5%利润的小米在研发上的投入相对于同行少得可怜。不重视技术对行业发展的决定性作用，没有意识到技术才是这一行业最难逾越的门槛，没有体会到技术给用户带来更加极致的体验，才有了今天华为遥遥领先的市场格局，小米的市场份额持续下降，产品体验再也无法回到当年的“尖叫”状态。

进入21世纪以来，竞争最为激烈的行业中，一定有智能手机产业的一席之地。到今天我们才发现，原来一超多强的格局不仅可以用来形容国际局势，还可以用来解读国内外各大智能手机品牌的恩怨情仇。

2019年，市场研究机构IDC对第一季度与第二季度的手机品牌销售量进行了统计与排名，拥有悠久历史的三星依然稳坐头把交椅，而作为行业公认的龙头老大，苹果已然被华为超越，排名退至季军之位。当然，如果从盈利来看的话，苹果依然是当之无愧的世界第一。除了这两个国外品牌，国内的华为与小米分别位列榜单的第二与第四。

虽然看上去这个排名非常合理，但实际上在业内人士看来，这个榜单中其实包含着一些奇特之处。在大众的心目中，华为是国内首屈一指的智能手机品牌，但智能手机并不是华为的主营业务，只是华为的三大业务之一，甚至在三大业务当中，手机也只能排在末位。尽管如此，华为依然可以在优先发展5G技术的同时，在智能手机业务上超过以此为主营业务的小米。出现这样的情况，是因为两者技术赋能的深入层次存在差异。

华为是典型的重视技术发展的企业，这一点从它极高的研发投入比例就可以看出来，2017年，华为的全球销售收入为6 036亿元，研发投入为897亿元，研发投入占比约14.9%。虽然从比值看并不是很大，但对比同时期阿里巴巴的9.1%、腾讯的7.3%，不难看出华为对于技术研发的重视。而2018年，华为在技术研发上的投入再一次创造了历史纪录，达到了1 015亿元，在全球企业研发投入排名中位列第六。

对于技术研发的资源倾斜，是华为从创立开始就一直延续的政策，无论是早期交换机技术的研发，还是后来5G技术的突破，都是在高额的研发投入下成功的。高投入往往带来高回报。华为在智能手机领域已经拥有了多项自主产权的优势技术，其中最为突出的就是独立研发的华为海思麒麟处理器芯片。处理器芯片是智能手机的核心技术，而华为的海思麒麟处理器芯片在处理能力上已经足以与苹果的A系列、高通的骁龙系列相媲美。而拥有了自主产权的核心技术，华为就可以在此基础上，围绕芯片开发各种适合产品与用户的辅助程序和软件应用，比如与芯片搭配使用的处理加速技术

“GPU Turbo”。所以，华为的智能手机产品质量节节攀升，用户体验、口碑也越来越好。

反观小米，智能手机业务起步要早于华为，曾经在销量上也远远超过华为，甚至一度在三星与苹果之上。但近几年小米的发展却出现了后程无力的现象，逐渐被华为反超。虽然 2019 年随着红米品牌的独立运营为企业注入了新的活力，小米的智能手机销量重回世界第四，但这依然无法改变前几年被 vivo 以及 OPPO 等品牌超越的事实。归根结底，还是在于技术研发能力疲软导致的核心竞争力不足。

2018 年，小米的总营收达到了 1 749 亿元，而研发投入为 58 亿元，研发占比仅约 3.3%。无论是从绝对的数值，还是从相对的比例而言，小米在研发端的重视程度显然远远低于华为。也正是因为如此，小米才被外界戏称为“手机组装商”，没有核心技术，只是将很多国外优质厂商的零件组装在一起，比如，高通的芯片、三星的内存等，然后加入自己的安卓优化系统，就成为自己的产品。虽然从零件的优质程度上也符合企业“为发烧而生”的理念及定位，同时也兼顾了性价比问题，但从根源来讲，小米手机是缺乏核心竞争力的。在这种技术赋能不足的条件下，小米的产品在用户体验上始终没有得到理想的成绩，使用寿命短、实际运行效率与硬件配备不符、随着使用时间延长操作流畅程度会大大下降等问题都是很多用户诟病的地方。而小米能够维持不错的口碑，大多也是因为极致的性价比。

在使用其他厂商零件的同时，自身产品的高度也会受到限制，难以从自身角度获得突破。随着消费者对于智能手机质量需求的增长，以及国货潮流的来临，小米被华为超越自然成为顺理成章的事情。

对于技术指向型企业来说，技术的深度赋能显然更加重要，因为对于它们来说，技术就是核心竞争力，谁能掌握更加先进的技术，谁就可以在未来的竞争中占据主动，甚至成为行业的领军者。而想要掌握更加先进的技术，企业需要做的第一件事就是提升自己在研发工作上的投入。

基于技术能力获取数据

本章的开篇就已经提到，技术赋能的目的是实现红海突围。所谓红海市场，指的是现有的竞争白热化的血腥、残酷的市场。从目前来看，大多数行业都是处于绝对的买方市场，企业只有在激烈的竞争中脱颖而出，才有可能得到用户的关注，这就是所谓的红海突围。

要想在众多同类型选手中获得C位出道的机会，并不是一件简单的事，最重要的前提就是企业足够了解作为评判者的消费者，投其所好才能博人眼球。而技术赋能存在的意义，就是要通过技术能力帮助企业获取用户数据，然后加深对用户的了解。

近几年，说到新零售的代表作品，大多数人都会不约而同地想到盒马鲜生和超级物种。事实上，这两个品牌，也确实是新零售业态中为数不多的成功案例。

盒马鲜生是阿里巴巴对线下超市完全重构的新零售业态。既是超市，也是餐饮店，同时还是菜市场。超级物种是永辉云创依托全球生鲜供应链的主要优势，全力打造的“优质生鲜餐饮＋零售＋体验式消费”的零售新物种。

从技术赋能的层面来讲，两者属于相同的类型。都是通过物联网构建供应商体系，而后利用移动互联网、4G以及在线支付技术实现商品线上消费，即时配送的经营模式。通过这种技术赋能的模式，企业可以精准地获取用户的个人消费偏好数据。而对于零售企业而言，有用的用户数据无非这两个方面，一个是消费者的基本信息，另一个是消费行为的信息。而在这两方面，盒马鲜生和超级物种各有优势。

使用过盒马鲜生的人应该都有类似的体验，无论是在盒马鲜生的实体店还是在App中，都需要首先注册成为会员才能进行购买，而且只能通过App或者支付宝进行支付，不能使用现金。很多人并不理解企业的这种做法，不是说顾客是“上帝”吗？但其实盒马鲜生的这种做法，正是为了更好地服务“上帝”。用户在注册会员之后，个人的信息会纳入盒马鲜生的平台系统中，之后用户的每一笔消费都会详细地记录在案。之所以只允许使用App或者支付宝进行支付，也是为了获取用户的完整消费数据。在获取了用户数据之后，盒马鲜生会通过阿里巴巴的中台对数据进行分析，从中发现主要顾客群体的消费特点，然后根据分析的结果制定更加合理的价格、产品类型以及营销方案，为用户提供更加个性化、符合需求的产品和服务。

相对于盒马鲜生对用户数据的重视，超级物种在消费行为数据上付出了更大的努力。超级物种在布局上比盒马鲜生更加广泛，除了线下门店和自营App，更开创性地开发了微信小程序，供用户直接进行下单消费。消费场景的多样化，自然而然地实现了支付形式的多样化。但无论是通过App、小程序，还是其他方式进行支付，超级物种都可以获取用户消费的流水数据。也就是说，不管使用何种支付方式，店铺都能直接获取消费的产品类型数据。唯一的区别就在于通过小程序和App支付，超级物种能够得到用户数据，可以知道用户是谁，是新用户还是老用户，这次买了什么东西。而使用其他支付形式，比如线下支付或者微信支付，商家只能获取消费流水数据。但这些对于获取消费行为数据已经足够了，况且低成本的小程序推广的逐渐起势，已经为超级物种带来了越来越多有效的用户数据，同时在腾讯的支持下，微信支付的消费数据也会越来越完善。

基于技术能力获取用户数据只是红海突围的开始，如何根据数据分析的结果进行合理的经营策略设计才是破局的重点。盒马鲜生建立了完整的供应商体系，可以根据客单价的变化随时进行调整。而超级物种也会根据用户偏好的产品类型的变化，在维持鲑鱼、盒牛、波龙三大核心工坊不变的前提下，对合作物种进行调整，来适应消费者需求的变化。

所以，盒马鲜生和超级物种通过移动互联网技术进行赋能，并不单纯只是根据人们消费习惯的变化来调整交易的方式，而是通过技术层面的深入应用，加深对用户的了解，从而提升用户黏性、忠诚度和复购。

快手依靠人工智能算法打造中国的YouTube

消费行为的产生，关键在于供给与需求的相互匹配。简单来说，就是用户需要的，企业恰好能够提供，在这种情况下，消费行为就会自然而然地产生。但在产品类型丰富多样的今天，很多产品都会有很多同类型的竞品以及不同类型的替代品，而用户的需求是固定的，在这种情况下，企业常常会失去很多获取收益的机会。

事实上，人们的消费行为在很大程度上会受到第一印象的影响，尤其是在产生需求的阶段，当用户将某种产品与某种需求联系在一起之后，即使中间会存在货比三家的环节，但最终大概率还是会选择最初引起需求的那款产品。所以，企业想要获取更多收益，与其坐等用户产生需求，然后成为比较的对象，不如直接通过产品营销激发用户的需求。

说到激发用户需求，就不得不提到当下正火爆的“带货”营销。所谓带货，指的就是明星等公众人物对商品的带动作用。现实社会中，明星对某一商品的使用与青睐往往会引起消费者的效仿，掀起这一商品的流行潮。虽然听起来与广告有些类似，但实际上两者之间存在本质上的差别。广告是设计好的剧本，明星在其中只是充当一个演员的角色，充其量可以看作借明星之口为产品背书。而带货不同，带货行为中包含着明星对产品的个人使用体验，比起宣传，更类似分享，具有比广告更高的可信度与有效性。而且，在明星效应与经验推荐的共同作用下，带货也更容易激发用户的某种消费欲望。

当然，带货也不是万能的，即使是当红的明星，用最深刻的经验，也很难让用户购买一件根本没有需求的产品。换句话说，带货的成功率和用户对产品的潜在需求程度是成正比的。想要提升带货的成功率，关键在于找到合适的消费者群体。在技术层面，这种操作被称为信息的高效分发。

在信息分发领域，美国的视频网站 YouTube（网友戏称油管）是国际公认的顶尖企业，而它的秘密武器就是人工智能算法。

其实在互联网发展的初级阶段，视频内容分享就已经是主要的应用之一，有资源的网络用户通过数据传输装置将视频内容发送到服务器，有需要的其他用户可以有选择地进行下载。但受限于当时的技术水平，人们只能被动地下载内容，并不能有目的性地获取自己想要的内容。我们相信，中国互联网的第一代用户对网络的美好愿望，就是能够自由地获取自己想要的资源。

到今天，这种情况已经成为现实，至少在视频内容方面是这样的。甚至，在自由获取的基础上，网络又给了我们一个更大的惊喜。以 YouTube 为首的视频内容平台，凭借人工智能算法主导下的内容高效分发，实现了用户产生需求之前的个性化推荐。虽然从内容获取形式上看只是一个小小的改变，但实际上改变了用户享受内容的底层逻辑。

YouTube 会根据用户在平台观看视频过程中产生的数据，分析用户的偏好，然后进行个性化推荐，保证用户能够最大限度地关注到自己喜欢或者需要的内容。而国内的快手也在利用同样的机制。

作为 2011 年诞生的短视频社区，快手致力于用户对自己生产、生活的记录与分享。2019 年，快手的日活跃用户量已经突破 2 亿人次，月活跃用户量超过 4 亿人次，成为国内短视频平台中的翘楚。虽然快手在体量上与 YouTube 仍有一定差距，但考虑到市场总量和发展时间，在一定意义上，快手也可以看作中国的 YouTube。

总体来看，快手短视频平台的内容分发同样也主要依靠平台的人工智能算法，平台会持续收集用户的浏览数据，其中包括观看的内容类型，使用平台的时段等。数据收集之后，平台会进行系统分析，准确获知用户的个人偏好。然后，平台会根据分析的结果为用户推荐合适的内容。

在国内，与快手类型相似的平台还有很多，其中表现最突出的就是抖音。在中国的短视频用户群体中，虽然两者采用的都是人工智能分发模式，但在同样的技术赋能条件下，不同平台的人工智能算法也有各自预设的分发倾向。比如抖音在用户偏好的内容类型中，会分配给剪辑精美的内容更多流量。而快手的企业社会责任总监张帆表示，相比爆款视频，快手更重视长尾视频的分发，头部视频播放量仅占比 30%。可以说，快手是一个去中心化、重视长尾内容的平台。

所谓长尾效应，是指那些原来不受重视的销量小但种类多的产品或服务，由于总量巨大，累积起来的总收益超过主流产品的现象。而在短视频平台，长尾内容就是那些粉丝不多，但出现频率较高，总观看时间较长的内容。这一点也和 YouTube 的内容分发机制不谋而合。早在 2011 年，YouTube 就留意到使用者的观看次数并不能真实反映出推荐的内容是否符合用户需求，因此 YouTube 开始在用户数据中强调“观看时长”而不是观看类型。

快手的内容分发机制和人工智能技术秉持普惠、向善原则，在内容分发机制上，用户内容权重占比很高，粉丝权重占比较低。在快手，只要内容足够好，零粉丝用户视频播放量超过百万粉丝用户是非常常见的事。

除此之外，快手通过移动互联网、4G、人工智能视觉识别技术，为主播提供了随时随地录制视频、分享视频的便捷功能，为用户提供了更加舒适、自然的人机交互方式。也就是说，即使是没有专业技能的人，也能拍出真实、优质的视频内容。而 YouTube 在经营过程中，也在不断提升平台的操作人性化程度，目的也是给用户带来更好的使用体验和使用效果，在这一点上，快手又与 YouTube 达成了一致。

在此基础上，在内容分发的过程中，快手平台会从多模态的角度进行考量，内容中出现的视觉、听觉、文本等多种模态综合的信息形式都会被考虑在内，这种技术可以使平台更加深入地了解内容，带货信息会得到充分了解，而信息的分发也会更加高效。

虽然从现在来看，快手与 YouTube 之间的差距依然存在，但共同的市场地位，共同的人工智能算法推荐机制，都注定了快手有能力成为中国的 YouTube。不过，虽然人工智能算法推荐是高效信息分发的技术基础，但想要通过这种技术赋能的方式为企业创造直接的收益，还需要带货作为中间桥梁，沟通流量与盈利。

第五章
规则创新：你熟悉的游戏规则已死

世间万物的运行皆有其规则，就如同生物的生老病死，太阳的东升西落。有些规则，可能你并没感觉到，因为身处其间而习以为常。唯一掌握规则的人，只有规则的制定者。当无数按照规则生存的人，站在树下等着苹果落地的时候，先行者已经在创造新的规则，让苹果直接落入口袋。

从M2C到C2M，盒马鲜生和超级物种颠覆零售业

M2C 即生产厂家直接向消费者提供自己生产的产品或服务的一种商业模式。C2M 指的是用户直连制造，也就是企业根据用户的特定需求来提供产品或者服务，是一种新型的工业互联网电子商务的商业模式。

从字面的构成其实就不难看出，这两种商业模式其实是

相互对立的。M2C 模式的优势在于，最大限度地减少流通环节，用户可以感受到切实的优惠，而企业因为销售成本的降低，可以将更多的资源集中在其他领域，从而有效地提升产品品质以及服务质量。

而 C2M 模式的优势在于强调以用户为中心，根据消费者的个性化需求指导产品生产，同时推动用户进入产品设计环节，能够有效激发市场活力和社会创造力。而对于企业而言，C2M 模式提高了产品的用户满意度。换个角度来说，等于降低了企业的投资回报风险，对于推动企业供应链系统、组织管理制度乃至整个商业模式变革都有重大的意义。

从当前来看，M2C 模式的应用已经非常广泛，企业利用电商平台或者独立运营的公众号、App 对自己的产品进行宣传和销售已经成为普遍现象。但随着消费升级的到来，用户对于产品的要求已经不单单是满足自身需求这么简单。尤其是随着 Z 世代（1996—2010 年出生的人）年轻群体成为消费的中坚力量，对于产品的个性化需求日渐提高。相应地，企业经营的主流模式也开始从 M2C 模式向 C2M 模式转移。

现在各大电商平台的工艺品、纪念品、生活用品等品类下，很多店铺都提供私人定制服务，用户可以要求商家按照自己的需求提供产品或服务。比如，在购买一把扇子的时候，用户在提供私人定制的店铺中，可以选择七寸、九寸、十二寸等多种不同的规格。除此之外，还可以让商家将特定的字词题在扇面上，一些技巧水平相对高超的店铺，甚至还可以为客户定制独特的扇面绘图。

论及对M2C模式向C2M模式转变趋势的把握，更早进行布局，已经在C2M模式下尝到甜头的，还是对市场规则认知更深的大型企业。

超级物种是2017年永辉超市提出的一种新型商业模式，根本目的就是应对超市行业游戏规则的变化。不同于传统超市提供多样化产品供消费者选择的M2C模式，超级物种采用的是根据用户需求调整店铺商品结构，为用户带来更好消费体验的C2M模式。虽然从严格意义上说，根据用户需求控制产品类型并不是C2M模式所强调的个性化定制，但这是超市行业用户基数大、类型多样的特点所带来的天然限制，而且和以往大卖场式的综合经营相比，超级物种已经可以算是出色的按需供给运营，所以将超级物种的经营模式定义为C2M并无不妥。

单纯从超市行业出发，传统超市与超级物种之间最大的差异在于对消费者的定位。前者将消费者视作顾客，两者之间是交易的关系，企业为消费者提供商品，然后从消费者处获得利益，双方的联系并不紧密。而后者把消费者看作企业的用户，两者之间的关系更加紧密。而这种客户关系的转变，自然而然地提升了超级物种对于消费者的重视程度，而 M2C 模式向 C2M 模式的转变，也顺理成章地达成。

考虑到现在的消费者对移动支付的广泛应用，超级物种在实体店内采用了“扫码购”的方式来提高用户的消费效率。每一件商品都会与特定的二维码连接，消费者在挑选商品的过程中，就可以通过智能手机支付软件提供的扫码支付功能自助进行消费。这种支付方式的使用，意味着用户不需要在挑选完商品之后，在超市出口排队等待结账，既节省了时间，又为用户带来了全新的消费体验。当然，除了“扫码购”，顾客也可以选择使用超级物种的自营 App 或者微信小程序进行商品选择和下单消费。而且，消费者除了到实体店直接购买，也可以选择使用超级物种的配送服务，在店铺半径三公里以内，可以实现 30 分钟内的快速送达。超级物种这种多样化的消费和支付模式，可以兼顾不同用户的差异性需求，为用户的消费提供更多有效的选项，让用户可以根据自己的个性化需求选择合适的消费方案。

超级物种对用户的关注不只体现在多样化的消费和支付模式上。在经营的过程中，超级物种一直关注用户注册制度以及移动支付等技术赋能手段带来的丰富的用户数据。通过对数据的分析，超级物种发现现在用户对于生鲜超市的需求不只是简单的商品供应者，很多消费者由于缺乏自主烹饪的时间和能力，对社区化布局的超市已经产生了一定的餐饮消费需求。在关注到这种关键业务的变化后，超级物种迅速改变了自己的经营方向，由专业的生鲜冷配超市，转变为超市与餐饮二合一的综合业态。不仅如此，在增加了餐饮服务后，超级物种还开辟了线上餐饮渠道，成功兼顾了线上和线下两种场景，为消费者提供了全面的多样化购物体验。为了实现这种多样化、全方位经营，超级物种对自身的主要合作伙伴也进行了调整，供应商升级成为完整的供应链，同时也增加了互联网企业的角色。升级供应链是为了获得更多样化、更高质量的产品，而互联网企业的加入则是为了向用户提供更快速、更优质的服务，比如，与外卖平台的合作可以减轻超级物种自身的配送压力，更加专业的餐饮配送团队也能保证线上餐饮消费的质量与体验。

从零售行业近几年的业务增长对比不难看出，传统超市在过去三年当中是零增长或者负增长，只有永辉超市和有限的一两家超市实现了逆势强劲增长，这与超级物种和永辉生活等数字化便利店的崛起是密不可分的，而超级物种取得成功的关键在于发现了超市行业的经营规则，已经从交易至上转变为用户至上。超级物种的转变等同于吹响了旧游戏规则破灭的号角，提醒了原本尚不敏感的消费者。当消费者被更加优质的体验所“绑架”，自然不会愿意再回到原来的水平（见表 5–1 和表 5–2）。

表5-1　2017年超市销售额和门店数量

序号	企业名称	2017 年销售额（亿元）	2017 年门店总数（个）
1	华润万家有限公司	1 036.45	3 162
2	康成投资（中国）有限公司（大润发）	954.00	383
3	沃尔玛（中国）投资有限公司	802.78	441
4	永辉超市股份有限公司	653.99	806
5	联华超市股份有限公司	564.59	3 451
6	中石化易捷销售有限公司	519.50	25 775
7	家乐福（中国）管理咨询服务有限公司	479.95	321
8	物美控股集团有限公司	370.04	752
9	供销大集集团股份有限公司	245.41	266
10	中百仓储超市有限公司	220.30	174
11	家家悦控股集团股份有限公司（快消部分）	219.90	534
12	锦江麦德龙现购自运有限公司	213.00	92
13	步步高集团（快消部分）	209.47	538
14	中国石油销售公司（昆仑好客）	190.00	19 000
15	屈臣氏（中国）	181.40	3 271
16	欧尚（中国）投资有限公司	156.97	77

表5-2　2018年超市销售额、销售增长率和门店数量

企业名称	2018 销售额（亿元）	销售增长率（%）	2018 门店总数（个）
华润万家有限公司	1 012.54	–2.3	3 192
康成投资（中国）有限公司（大润发）	959.00	0.5	407
沃尔玛（中国）投资有限公司	804.90	0.3	411
永辉超市股份有限公司	767.68	17.4	1 275
中石化易捷销售有限公司	620.00	19	27 259
联华超市股份有限公司	492.29	–2.9	3 371
家乐福（中国）管理咨询服务有限公司	474.64	–4.7	302
物美科技集团有限公司	376.45	1.7	876

实际上，超级物种的诞生（其竞争对手盒马鲜生成立晚一些），意味着零售行业游戏规则的改变（见表 5–3）。

表5–3　超级物种与传统超市商业模式九大要素对比

商业模式要素	超级物种	传统超市
价值主张	给用户最喜欢的、最高性价比的精品，方便食用	给顾客最全、最划算的选择，商品无所不有
市场定位	“90 后”等年轻群体，“懒人一族”，追求品质生活的群体	四五十岁以上的中老年人，对价格极其敏感
核心资源	强大的供应链，互联网研发，运营团队	强大的供应链，商超运营管理团队

续表

商业模式要素	超级物种	传统超市
关键业务	通过互联网产品获客，帮助用户在线上线下都获得优质的购物体验，成为品牌的忠实会员	通过大规模的制造和采购降低商品价格，从而获得更高利润
重要伙伴	互联网平台，优质产品提供商	商业地产，优质产品提供商
收入来源	线上和线下收入各 50%，供应链金融等	线下收入为主
成本结构	人力、商品、租金、管理成本等	人力、商品、租金、管理成本等
渠道	地理位置，线上获客，美团、微信等线上渠道	地理位置
客户关系	小店（自物种）、产品、平台、公司都是合伙关系	与各个合作方是以商业合作为主的关系

由此可见，超级物种与传统超市在商业模式九大要素中的“价值主张”“市场定位”“核心资源”“关键业务”“收入来源”方面都有着本质上的差异。这种差异给超级物种带来的好处是“零成本获客”，对于电商、O2O 企业动辄几十、上百元获得一个付费用户来说，超级物种的获客成本基本可以忽略不计。同时，超级物种对于任何居住在周边的用户，都具备促成二次线上消费的能力。并且，由于超级物种了解用户喜好，所以可以推荐给用户最适合自身需求的商品，从而增加客单价和购买频次，最终提升了坪效。这个案例非常好地诠释了新零售的本质。

- 本质一：价值指标
  从 Deal（交易）到 User（用户）
- 本质二：提升 ROE（净资产收益率）
  通过增加线上复购来提升整体坪效
  通过增加新品类来提升 ARPU（平均客单价）
- 本质三：挖掘用户数据，精准推荐，形成品牌认知
  获取用户行为数据
  根据用户喜好进行推荐
  加强品牌价值主张传递

规模效应 VS 网络效应 VS 裂变效应

在互联网出现之前的传统经济时代，企业想要获取更多用户，通常会通过扩大企业规模来带动市场扩张，同时利用规模提升带来的更多的行业话语权，来建立品牌效应，扩大影响力范围。

但在网络技术广泛应用的新经济时代，规模化带来的可能不仅仅是企业名气的提升，还有生产、经营成本的急剧增加。而互联网技术的出现，为企业提供了一个价格更低的扩大影响力的方式，那就是网络效应，通过在网络上进行多渠道的产品信息传播，为企业带来更多的用户。但在规模效应向网络效应发展的趋势中，还隐藏着一种更加高效的用户获取模式——裂变效应。所谓裂变效应，就是在

网络效应的基础上，通过用户的分享行为，触发原子裂变式的用户破界增长。

用户获取模式从规模效应到网络效应转变的典型代表有很多，最早应用互联网技术进行营销，享受到互联网红利的一批企业，其实都是从原有的规模化思维中跳脱出来，在网络效应影响下成功获利的。

在阿里巴巴出现之前，大多数销售指向型企业都在一门心思地进行规模扩张，无论是中小型企业，还是大型企业，在获得阶段性胜利之后，想到的第一件事就是增加生产线、扩大团队规模，以期在自身所处的市场范围内，可以成为有一定影响力的企业，从而获取更多用户的关注。

而阿里巴巴的出现，创造了一种新的游戏规则，市场之间的地域壁垒被一定程度地降低了，企业的眼界也随之开阔，开始意识到网络可以更加高效地将企业的信息及影响力传播到全国甚至全世界。而且，相对于规模效应来说，实现成本更加低廉，所以越来越多的企业选择加入阿里巴巴。

这种由规模效应转变为网络效应的趋势一直延续到现在，虽然趋近于完成，但因为偏远地区经济发展水平的限制始终没有结束。而随着互联网经济的发育成熟，网络效应又开始向裂变效应发展。这次的规则创新者，是目前仅次于阿里巴巴的国内电商第二品牌拼多多。

在拼多多出现之前，很多利用网络效应进行经营的电商平台已经陆续取得了成功，比如，京东、聚美优品、唯品会等。但拼多多只用了三年时间，就实现了对这些企业的超越，其中的关键，就在于拼多多重构了网络购物行业的游戏规则，在消费的基础上，加入了社交与娱乐的因素。

拼多多与传统电商平台最大的区别，就在于其独特的拼团购买方式：用户在拼多多 App 上，可以与其他有相同需求的用户进行拼单购买，这样平台就可以通过增加店铺 GMV（网站成交金额）的形式来压低价格，而用户自然就能够以相对更低的价格获取商品。除此之外，用户可以使用与拼多多联动的微信分享自己的购物链接，与自己的微信好友形成拼团，同样也能以低价购买到商品。

实际上，拼多多加强消费行为的社交属性，降低商品单位价格吸引用户只是表面目的。更深层的目的是，拼多多想要借助社交的作用，在网络效应的基础上，形成并强化裂变效应。一般情况下，拼多多会将拼团形成的时间限制在 24 小时以内，这种对性价比和效率的极致追求，会促使用户为了更快地拼团成功，在自己的微信中进行自主的广泛传播，虽然用户的主要目的是满足自己的消费需求，但实际上也是在帮助拼多多上的商家进行免费的广而告之。在这个过程中，由于微信代表了一个人的社交圈子，而人类的社交关系通常建立在共同属性的前提下，也就是说在用户的微信好友中，存在大量有共同喜好（朋友）、共同经历（同学）、共同收入、共同消费水平（同事）的潜在用户。拼多多选择与微信平台进行联动，主要也是考虑到微信平台的社交特点。除此之外，微信平台巨大的用户占有率以及相对优惠的合作成本也是重要的影响因素。

总而言之，通过用户的社交分享，拼多多可以高效地获取大量优质用户，通过后续的用户培养以及持续刺激，转化为有效消费的可能性非常高。当然通过分享直接产生消费行为的用户也不在少数。

拼多多创造的社交式电商，是对网络购物行业游戏规则的一次重新定义，改变了电商企业从获客到成交的成本结构，颠覆了传统电商的漏斗式增长模型。原有的九个步骤“展现—点击—首次访问—收藏—更多展现—更多访问—购物车—付款—分享”，在拼多多的新规则下，被简化成了“展现—点击 / 拼单分享—付款—社交分享”。随着中间环节的简化，拼多多的成本结构自然也出现了改变，大幅提升了增长漏斗中的转化效率，同时降低了运营和广告宣传的成本。

在传统电商增长模型中，最后的分享环节其实是非常明显的弱连接，如果消费者自身的分享欲望并不强烈，最后的分享基本不会达成。而拼多多为了形成裂变效应，实现用户的指数级增长，在最后的社交分享环节加入了有偿分享的因素，用户通过分享产品链接或者购物经历，可以获取现金红包的奖励，而看到分享内容的用户好友在点击之后也会获得相应产品的消费优惠券。

拼多多出现之后，整个电商行业产生了巨大的变化。拼多多能够在短短三年时间从0做到400亿美元，并成功登陆美国资本市场，就是因为它创新了电商行业的游戏规则，彻底重构了电商行业的商业模式。从规模效应到网络效应再到裂变效应，是时代背景下，企业获取用户模式的演变趋势，关注网络渠道、关注社交行为，在当下已经逐渐成为企业经营的重要课题。

创业标准化，火箭网成为全球知名孵化器

企业制定的规则，必然也是最有利于企业自身的。这也是为什么在行业内有一定优势和地位的企业，依然愿意冒着风险，去创新、去转型，都是为了提升自身的发展，努力成为头部的规则制定者，掌握绝对的主动权。

企业成为规则制定者的方式通常有两种，一种是比较怀柔的政策，首先通过适应他人制定的规则实现自己的发展，等到自身达到足够高度的时候，再站到台前，提出新的规则。使用这种方式的典型代表是华为。通过3G、4G技术的开发提升产品的质量，直到具备了与行业顶尖企业诸如西门子、爱立信等相抗衡的用户体量之后，华为才适时地提出了自己领先世界的

5G 技术，成功占据了主动，跻身行业规则制定者的行列。

另一种是比较直截了当的方式，利用反常规的经营理念，与顶尖企业进行直接碰撞，通过满足消费者在使用巨头产品和服务时仍无法满足的需求，主动抢占顶尖企业的市场份额，强行打破顶尖企业对规则制定的垄断。使用这种激进方式的典型代表就是火箭网。

火箭网是德国最大的互联网公司之一（截至 2020 年 4 月，火箭网的市值约 300 亿欧元，和百度的市值差不多）。火箭网也是全球范围内把“复制”这件事做到极致的一家公司，即使中国的阿里巴巴、百度和腾讯的“复制”水平也无法与之媲美。它的商业模式可以用一句话来描述：在美国和中国发现成熟的，已经经过从 0 到 1 验证的模式，然后在本体公司规模化之前，先复制到全球各地，然后找到合适的机会再卖回给本体公司。火箭网的创始人兼 CEO 奥利弗 · 桑威尔说，我们对技术创新总是有一种浪漫情怀，总是存在一位爱因斯坦，能够定义一个全新的品类，就像特斯拉。但是看一下全球第一辆轿车，它看起来很可怕，你也许永远都不会使用它，并且很难给它开拓市场。但这给丰田提供了机会，丰田这样的公司，可以通过努力，把这辆车做到成本更低。虽然这不是原创，但是可以把它扩展到全球各地，这也是一种创新。奥利弗 · 桑威尔认为，作为企业家，一种是你创造了一个 idea（想法），另一种是把这个 idea 在各种复杂的地区和国家实践出来，并且是用一种可以持续发展的方式实践出来，这也是一种非常难得的企业家精神。

这个过程中需要克服的困难和挑战也有很多，也需要很多“非常规思维”和“创新的做法”才能确保成功。这些困难和挑战包括：

- 当地的物流系统适配和整合，以及仓储问题
- 雇员和用工问题（每个国家的法律和文化习俗差异巨大）
- 互联网接入问题（每个国家的通信、互联网基础设施、规定政策差异巨大）
- 广告和推广问题（每个国家的经济发展水平参差不齐，广告渠道、合作方式差异大）
- 日常运营和公司管理中遇到无法预知的挑战

对火箭网“游戏规则”的理解是：在市场 A 发现一个成功的模式，然后快速复制到市场 B。在多个市场复制同一个商业模式，重复使用程序模块和 UI 设计。它相当于一个总部的技术中心加一个孵化平台的模型，总部是它的大脑，它的大脑里有上百个开发者和设计师团队。它的四肢是各地的运营人员，现在全球有超过 200 家分公司，全球的运营人员超过 4.2 万个。最核心的是火箭网把创业这件事本身做到了“标准化”，也可以说火箭网是全球最牛的孵化器，就是从第一天到第一百天每天需要干什么事，把它拆解，程序化、流程化。火箭网是做电商起家的，最远做到了东南亚。一个团队过去，

就像空降的伞兵，会带一个小册子。这个小册子上面会告诉你从第一天到第一百天，你每天要做哪些事，每天打钩，创业本身被拆成工业化生产。从第一天到第一百天全部流程化，前提是这家公司最初的模型是聚焦于电商的。火箭网的业务现在已经扩展到其他平台，包括外卖平台。有些地区在交火，有些交火部队的后勤供应能力非常差。打仗的时候后勤供应问题解决不了怎么办？就得靠外卖来解决，而且外卖平台背后很多也是他的团队，他等于同时给交战双方提供盒饭。

奥利弗·桑威尔对公司的模型做了这么一个总结：我们从不纠结，我们只需要发现机会，这个机会已经在别的地方验证过了，所以我们从不纠结。我们在发现的当天就会编程。从决定到发布，最快三天半。每个公司都有它的基因，火箭网的基因最初就体现在创始人身上，1998 年硅谷的第一波互联网泡沫期间，奥利弗·桑威尔在硅谷做实习生。实习过程中，他看到了 ebay（美国最大的电商平台易贝，淘宝就是借鉴了易贝才获得了成功）的模式。1999 年 5 月他回到德国创办 Alnado，当 ebay 进入德国市场时，他就把 Alnado 卖给了 ebay，售价 5 000 万美元。之后这就变成他的一个主流模型。他在复制方面就形成了一个标准打法：每进入一个地区就会派一个三人组，这个三人组的做法和优步的三人组非常像。在火箭网三人组里，CEO 负责组建团队，CFO（首席财务官）负责控制现金流，CAO（首席行政官）负责仓储物流。这三个人的挑选有几个标准，这几个标准一直到今天他们认为还是有效的。这三个人一般都来自咨询行业和投行，因而有极强的分析能力，对数据敏感，雄心勃勃，但同时基本上不需要太多创造力。在他的模型里不仅不强调，甚至还要抑制创造力，如果每天都想着尝试新东西，反而不好。这三个人像三个伞兵，被投放在一个从来没有开拓过的地方，然后这三个人必须自己找到适合这个地方的生存方式，而且要快速复制和放大，后方会给他们支援，前方就像一个创业团队，他们必须在这个市场上找到突破口。

这个流程的核心要素叫“像素级拷贝”，火箭网让博士生专门研究它要“拷贝”的对手，定期发布研究报告。然后去“像素级拷贝”对手的网站。比如，亚马逊一定做了 AB 测试，所以我不用费劲再做 AB 测试，我就跟着你，每周复盘（如图 5-1）。

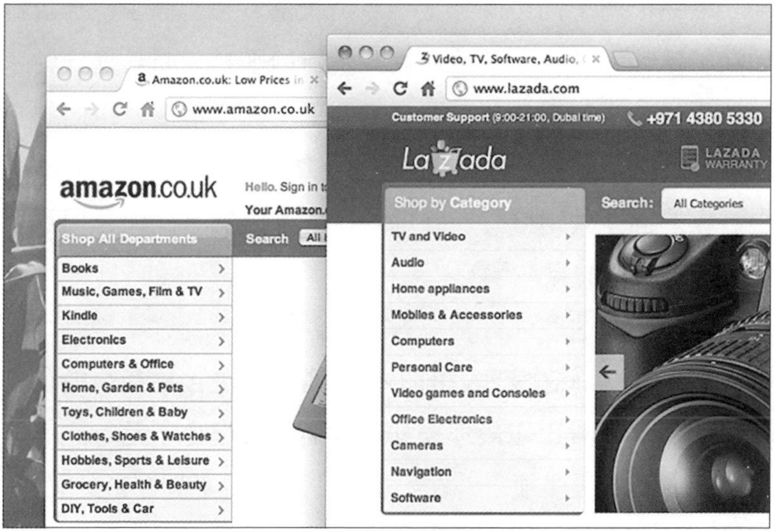

图5-1 购物网站亚马逊和Lazada的对比

图 5-1 右边是东南亚的电商 Lazada（拉扎达），如果把 Logo 拿掉你能分出来吗？Lazada 是非常成功的，阿里巴巴投入 20 亿美元，占 83% 的股份，然后阿里巴巴派彭蕾兼任 CEO。还有很多其他成功的例子，做法就是发现经过验证的模式，快速去复制，做到理想的规模再卖给它复制的那家公司或者其竞争对手。

它去哪些地方开拓业务呢？这些地方有一个共同特点：PC（个人计算机）互联网覆盖率极低（平均覆盖率是 5.1%），尤其是亚非拉地区，但是移动互联网的增速远远超过其他地区。它们都属于跨越式发展的地区，PC 互联网无论再怎么发展也不可能赶上美国、中国，但是移动互联网的增速极快，可以直接切入到移动用户。

举一个例子，2014 年上半年，火箭网在非洲一些地区比如乌干达、安哥拉、坦桑尼亚开发新的平台，而且复制的速度非常快，半年时间就在非洲复制了十几个地区，用的都是刚才说的这个模式。生活服务类的 O2O 平台，甚至是 P2P 平台，在非洲条件稍微好一点的地区它都复制了，而且回报率远远超出大家想象。

为什么在这些地区会有这么高的回报率？这就是一个典型的降维攻击。它最理想的模型就是我先进去用最小的代价抢一块地盘，然后在最理想的时候撤退。但也不是每次都能如愿，还是有很多项目砸在手里的。一旦找不到合适的买家，就会不断消耗现金流，这时候项目基本上就是被砍掉。火箭网有非常明确的KPI。六个月的时候必须是什么状态，一年的时候必须是什么状态，不行就砍掉。

奥利弗·桑威尔有句话经常被引用，在互联网的世界既有爱因斯坦，也有巴布工程师[①]，我不是爱因斯坦，我是巴布工程师。

表5-4　火箭网与亚马逊商业模式九大要素对比

商业模式要素	火箭网	亚马逊
核心资源	本地化团队，资金	技术人才
关键业务	复制竞品，接地气的本地化运营	技术攻关，产品创新
市场定位	发展中国家的互联网用户	以美国为主的互联网用户
渠道	广告渠道，应用市场	应用市场
客户关系	短期共赢	长期共赢，高黏性
重要伙伴	手机设备商，互联网广告渠道	手机设备商，互联网广告渠道
收入来源	资本收购	C端
成本结构	运营投入高	研发投入高
价值主张	让全球各地用户可以即时使用最先进的互联网服务	用户足不出户就能获得高品质、高性价比的产品

火箭网是“规则创新”的典型，它把一家技术公司的核心活动聚焦在“复制”和“本地化适配”上面。综观其他大型科技公司，亚马逊、苹果、脸书等无一例外，都是秉持统一性原则，在各个国家输出同样的价值观和产品理念，轻度本地化，这些公司更重视产品创新和技术研发，但是不少国

① 巴布工程师是指没有太强创意，但是互相之间紧密合作，一起盖房子的人。

家的用户体验不得不被妥协甚至是忽略。而火箭网反其道而行之，给用户创造了价值，极致本地化运营理念。对细节的用心和耐心都是火箭网成功的重要原因。

第六章
生态重构：对价值链条的洗牌

企业的发展离不开市场，就如同生物的成长离不开生态环境；而生物的进化来自适应生态环境变化的本能。同理，企业的进化也同样需要市场环境的生态重构。这是一个新物种层出不穷、方兴未艾的时代，商业生态的重构已经成为企业进化的战略地图。

拼多多颠覆电商生态链

2018 年夏天，拼多多“意外”赴美上市成为舆论焦点。一年后，拼多多对外公布了 2019 年第二季度财报。财报显示，拼多多 2019 年第二季度实现营收 72.90 亿元，较 2018 年同期的 27.09 亿元增长 169%，较 2019 年第一季度的 45.45 亿元，环比增长 60%，并高于市场 61 亿元的普遍预期。得益于财报方面的良好表现，其股价在盘前交易中涨幅一度超过 7%，显示了来自市场的真实、强劲的支持。一部分人继续吐槽，另一部分人继续买卖，吵吵闹闹并没有妨碍拼多多生意的红火。

拼多多平台上的商品相较淘宝并没有本质区别，很多业内朋友称黄峥只是“复制了一个淘宝”。但如果真是这样，那商家为什么不继续在淘宝上卖货，毕竟淘宝已有多年的用户积累？归根结底，这是因为拼多多重构了电商生态。

拼多多创始人黄峥曾在致股东的信中写道：“拼多多不是一个传统的公司，它在大家都觉得电商的格局已定，历史已经书写完的时候诞生，建立了一种新的购物模式，它的飞速增长表明它有着巨大的潜能和无限的未来的可能性。”黄峥的这番话明确否定了所谓电商行业大局尘埃落定的说法，旗帜鲜明地向世人展现了拼多多的全新打法。

生态重构是指通过对生态链上各个相关方“责权利”的重新分配，以及各个相关方和平台合作关系的根本性改变，实现用户至上、价值回归和多维共赢。那么，拼多多是如何重新分配电商生态链条上的“责权利”的？这就需要从传统电商如阿里巴巴的盈利模式说起。

根据阿里巴巴对外公开披露的财报，阿里巴巴 2018 年的总收入是 2 502.66 亿元，同比增长 58%，创下 IPO 以来最高增速。其中，阿里巴巴核心电商业务的收入是 2 140.20 亿元同比增长 60%。据市场调研，2018 年全年，阿里巴巴各地商家共寄出将近 300 亿个包裹。换句话说，阿里巴巴 2 140.20 亿元的核心电商收入，是由这 300 亿个包裹而来的。平均下来，商家每发出一个包裹，阿里巴巴就能从中赚到 7 元左右，这 7 元就是商家使用阿里巴巴的渠道成本。

反观拼多多，同样是在 2018 年，拼多多上发出的包裹数超过了 100 亿个，约为阿里巴巴的 1/3，而它的核心电商收入仅为阿里巴巴的 1/50 左右，连 50 亿元都不到，其中还包括了将近 30% 的广告收入。经过计算，我们发现，在拼多多上每卖出一个包裹，商家需要支付的渠道成本仅为 0.7 元左右，是阿里巴巴的 1/10。说到这里，相信你就会明白，为什么很多原来阿里巴巴的铁杆商家纷纷转投拼多多的怀抱。

这是一个特别简单的逻辑，创新商业模式的最终目的，是为用户提供“多、快、好、省”的产品和服务。在各项成本高涨的当下，电商们的利润越来越薄，国内的电商环境其实已经十分恶劣，没有一个中小型商家不想降低渠道的费用成本，而拼多多无疑迎合了它们“省钱”的刚需。

说到这里，有必要做个区分。拼多多用极低的渠道费用，吸引了来自淘宝在内的其他各家电商的“腰部”商家[①]。“腰部”以上的大型商家自然不会轻易转投阵营，它们已在其他平台深深扎根，一旦转换平台便会导致大量用户流失，得不偿失。

电商平台无非就是人、货、场三大要素。在拼多多成功

---

① 指在中心化的电商平台上无法获得与其产品品质相匹配的流量的商家。因为中心化的平台的流量逻辑是头部更强，腰部苦不堪言，长尾靠天吃饭。

吸引到大批商家之后，人从哪里来？拼多多靠的还是“省”这一利器，黄峥向全国人民打出了令人咋舌的团购价。

简单举个例子。正常而言，一条12包的纸巾，淘宝上售价约为30元，便宜的也要20元左右，而且还是在评价数和星级都比较少的店铺售卖，大多数淘宝用户对此类商家都会敬而远之。再来看看拼多多，它给出的价格经常是9.9元，中间存在着10多元的差价。拼多多是如何做到的？

答案很简单，淘宝上7元左右的渠道成本，被拼多多压到了0.7元左右，也就是平台为商家节省了6元多的成本，所以商家才愿意将价格相应地降低。在这种逻辑的驱动下，业内著名的流量选择政策应运而生。如果商家愿意在原有售价上再降低10%，拼多多便会为其提供平台上90%的曝光机会。简单而言，就是亏本换流量。这个玩法，对原本没有多少用户积累的中小商家而言具有极强的诱惑力。

淘宝等平台上的商家如果想要吸引新用户的关注，便需要参加淘宝的竞价活动，出高价买点击，平均下来，一个新流量的成本也需要四五元，而曝光的机会却无法和高端商家们同日而语。这样一来，这些商家便有了在拼多多上尝试的意愿，做好了便会拥有来自全国的大批新用户。

通过这种方式，拼多多平台上出现了大批具有极高性价比的商品（用户的感受就是：便宜），很快便吸引来许多想买便宜商品的消费者，也就是我们经常听到的下沉市场和“五环外市场”。前来团购的消费者多了，商家的信心便会更坚定，从而愿意提供更优质的商品和更完善的售后保障，让消费者真正买到物美价廉的商品。在“省”这个环节做足了文章的拼多多，在其他环节却显得不那么重视，比如在物流速度方面，相对于京东让人惊叹的速度，拼多多可谓“慢多多”。但这也无法影响拼多多实现疯狂的“口碑传播”和指数级增长。这是一个正向循环，亚马逊创始人贝佐斯将其称为亚马逊的增长飞轮，而拼多多无疑参照了这一玩法。

通过这种方式，黄峥在不到三年的时间里，便重构了国内电商产业的价值链条，于是便有了世人广为惊叹的拼多多奇迹。在这个过程中，之前无法获得流量的商家获得了“远超期望”的流量，用户得到了“远超期望”的价格，平台获得了“远超期望”的低成本流量。拼多多彻底重构了电商的生态，说起来确实算是奇迹。

价值网络：企业生态链中的黄金

1985 年，哈佛大学商学院教授迈克尔·波特提出了价值链的概念。他认为“每一个企业都是在设计、生产、销售、发送和辅助其产品的过程中进行种种活动的集合体。所有这些活动可以用一个价值链来表明”。

企业的价值链包含很多东西，基本上所有能够为企业创造价值的经营活动都在价值链条上的各个环节相互影响、相互关联。也正是因为如此，通过对价值链中某一个环节的精细化管理，企业就能够实现其他环节效益提升和成本控制的目的。这一理论在出现之后的 20 年里，几乎成为企业经营发展，或者转型升级的不二之选。

餐饮企业作为中国最早的商业形态之一，从先秦时期就以“驿”的形式登上了历史舞台，但时至今日，依然没有出现能够与麦当劳、肯德基等美式连锁快餐企业相媲美的中餐品牌。归根结底，其实还是老生常谈的标准化问题。但随着价值链思维的引入，很多餐饮企业已经开始尝试通过生产环节的调整来提高标准化的程度。

比如，传统中餐品牌和合谷，在店铺厨房之外，又建立了中央厨房。食材和调味料以标准的规格处理成半成品然后才被运送到餐饮企业的后厨，烹饪的步骤和时间也在持续的研发和实验中得以固定，即使一般水平的厨师也可以制作出高质量的产品。

换句话说，餐饮企业通过价值链环节的管理，实现了一定程度的标准化生产，为连锁化经营打下了坚实的基础。但在这里，我们还需要思考一个问题，在对价值链环节进行调控的时候，餐饮企业是怎样选择切入点的呢？其实不管是食材准备，还是烹饪制作，在餐饮企业的生产经营中，都可以算作调整空间较大的价值链环节。也只有这样选择，企业的调控才有更多的方向和方式。

对于现在的企业来说，面临的主要问题不仅仅是自身发展的局限性，同时也包括外部经济环境的不利影响，比如通货膨胀、原料价格上涨、人力成本增加。在这样的环境下，企业价值链上的很多环节已经失去了调控的余地，一再压榨只能让薄弱环节更快崩溃，最终导致企业失去触底反弹的机会。

与此同时，随着网状经济时代的到来，不同产业之间打造了关联网，单纯从企业自身出发的价值链理论已经呈现出明显的局限性，众多企业价值链整合在一起形成的价值网络应运而生。

价值网络是由客户、供应商、合作企业与它们之间的信息流构成的动态网络。这一概念由阿德里安·斯莱沃茨基在《发现利润区》一书中首次提出，他认为“由于顾客的需求增加、因特网的冲击以及市场高度竞争，企业应改变事业设计，将传统的供应链转变为价值网络”。

相对于关注企业自身的价值链理论，价值网络的概念关联的领域更加广泛，其本质是在更大的范围内，根据消费者需求而组建，以共同协作为目的的虚拟价值网络。一般由真实的消费需求所触发，能够以尽可能快的速度将顾客的需求反映到网状结构的各个端口。由此可见，价值网络实际上可以为所有的构成因素，包括企业、供应商、顾客在内，创造不同的价值。

美国学者大卫·波维特认为，价值网络是一种新业务模式，它将顾客日益提高的苛刻要求与灵活、有效率、低成本的制造相连接，采用数字技术快速配送产品，避开了代价高昂的分销层；将合作的提供商连接在一起，以便交付定制化解决方案；将运营设计提升到战略水平，适应不断发生的变化。换个角度来说，与低成本供应商灵活高效连接、数字化配送、建立供应商网络、战略化运营，是企业在建立价值网络的过程中，需要重点完成的四个主要任务。

盒马鲜生虽然从名义上是生鲜超市，但其实代表了一种崭新的业态，从2016年成立，到2019年打通线上线下的新零售门店超过170家，盒马鲜生充分展示了一个建立了完整价值网络的新物种，在发展潜力与崛起动能方面有多么惊人。

按照常理，提供生鲜冷链配送服务自然而然会导致物流成本的上升，所以大多数平台会提高产品价格来抵消增长的这部分成本。但盒马鲜生从一开始就想要兼顾用户体验与成本控制，因此选择了另外一条截然不同的道路。一些蔬菜类产品，在同等质量的基础上，提供配送服务的盒马鲜生甚至比菜市场的价格更低。盒马鲜生之所以敢这样做，底气就来自低成本的供应商。

低成本的供应商往往都是产品的直接生产者，但因为市场信息的不对称，大多数企业并不具备深入腹地的能力。而盒马鲜生依托于阿里巴巴的市场洞察机制，把平台寻找优质商家的过程，转化为寻找优质供应商的过程。除此之外，盒马鲜生利用阿里巴巴成熟的物流运转体系，形成了自己的数字化物流配送网络，在与供应商达成协议之后，盒马鲜生会通过配送网络迅速找到最接近供应商的物流节点，然后以最快的速度进行揽货和配送。

对于盒马鲜生这样的连锁生鲜冷链配送超市而言，产品的多样性不言而喻，所以不可能只与一家供应商合作。而且，在不同的时段，供应商提供的产品质量也会出现参差不齐的情况。所以即便是一种类型的产品，盒马鲜生也会具备多个不同地区的供应商，目的就是随时根据供应商提供产品的实际质量进行调配，确保产品品质的稳定。

盒马鲜生将所有的供应商都整合进了同一个供应商网络，并按照提供产品类型的差异进行分类展示，在每一个网络节点上，都包含供应商的具体信息和产品特性。当店铺需要某种产品的时候，工作人员可以通过查看网络节点的方式，高效地找到合适的供应商。

虽然盒马鲜生是依托阿里巴巴平台建设起来的，但无论是从组织架构，还是从运营模式来看，它都是一个相对独立的个体。盒马鲜生与阿里巴巴之间更像是合作关系，而非依附。换句话说，盒马鲜生通过与阿里巴巴的合作，将阿里巴巴的平台信息、物流系统与自己的供应商网络结合在一起，并使这种合作上升到了战略的高度，构建了一个对自己有益的价值网络。当然，获利的不只有盒马鲜生，阿里巴巴和平台上的供应商也同时获得了收益。

但是，盒马鲜生的价值网络构建始终具有一定的特殊性，毕竟与阿里巴巴的紧密联系是其他企业所不具备的先决优势。当下的移动互联网时代，大多数原料供应商已经开始使用网络购物平台进行自主销售，在舍弃了中间环节之后，价格自然也会相对降低。而网络购物平台都是开放平台，其他企业也可以从中获取有效的供应商信息，虽然无法直接与高质量、低价位的供应商进行连接，但企业可以通过小批量采购的方法对同类型供应商进行考察，最后同样可以找到适合自己企业的优质供应商。

网络购物消费模式的发展，也带来了物流产业的高速进步，以德邦为代表的大宗货物物流和以顺丰为代表的小型商品快递，以及其他各具优势的物流公司，比如深入偏远地区的邮政 EMS，快速配送、送货上门的京东自营物流等，已经在中国境内构成了一个完整的物流运转体系。在此基础上，即便企业没有网络购物平台的自有物流作为后盾，在物流公司的网络协调调配下，也可以实现高效的产品配送。

从某种意义上来说，价值网络是多个企业价值链的整合与升级，在外部因素持续压榨链式生态发展空间的时候，网络生态能够更加高效地将几个分属不同产业的企业紧密结合在一起，实现优势互补，风险共担。而凝聚成网状结构的价值链也可以承担更大的外部压力，这对于当下面对激烈竞争的企业而言，是更加适宜的创新发展方法。放宽眼界，才能发现更多为企业创造价值的方式。

当然，价值网络的构建不是只有外部生态一个角度，有时候，企业的内部生态同样需要通过构建价值网络的形式进行重构，从而提升组织内部运行的效率，为企业创造更多的价值。

超级物种诞生不久，永辉超市就注意到基层员工工作的繁重程度与得到的薪资不匹配的情况。当时，大多数基层员工每个月只有2 000~3 000元的工资，但从事着最繁重的工作。在这样的状态下，员工的工作积极性非常低，甚至影响到了门店的服务能力。

为了解决这个问题，“永辉云创”在自己的内部生态当中进行了调整，之前作为被雇佣者的员工变成了超级物种、“永辉生活”的合伙人，与管理者一起分享企业的收益，员工可以选取自己的合伙人代表，并以店铺为单位与总部协商一个合理的销售目标（结合店铺过往的实际销售情况与销售增长预测），以及超出目标部分营收的分配比例，在单位时间经营结束后，“永辉云创”会根据实际的经营状况与既定的分配比例，给员工发放合理的酬劳。简单来说，合伙人制度的核心是增量利润的再分配。“永辉云创”通过对组织内部的生态进行重构，将原来的员工雇佣制度调整成合伙人分成模式，员工的收入水平与自身的工作劳动就形成了直接的联系，员工的工作积极性也得到了充分的激发。

在合伙人模式的促进下，“永辉云创”把收入的分配方式进行了重构，加强了员工与店面、“辅导”团队、平台团队、控股公司之间的关系，原本纵向的管理结构，变成了联系更加紧密的网状结构。通过这种方式，“永辉云创”实现了内部的生态重构。

对于企业而言，外部的供应链向供应网络的进化，组织内部的纵向结构向网状结构的进化，是生态重构的过程中，不可或缺的两个关键环节。

增长双轮2：破界增长

经济周期的“下半场”、技术革命的“下半场”与其“上半场”最大的不同是，“上半场”跑马圈地。在蓝海市场中占有先发优势极为重要，提早在庞大的用户群体里抢占了用户心智，即使对手后来居上，也需要付出极大的代价。然而在“下半场”，即使用一个项目“重新定义”了一个宝贵的战略机会，在红海市场当中，如果不能打破原有的线性增长边界实现破界增长，也会被巨头盯上从而把这样的宝贵机会扼杀在萌芽当中。

因此，在“下半场”取胜的关键是“重新定义 + 破界增长”，二者缺一不可。

在确定前进的方向之后，如何发力奔跑便成为企业在互联网“下半场”的工作重心。这便涉及增长双轮中的动力飞轮——**“破界增长”**。未来的卓越企业，大多数会是破界增长型的企业，拥有破界增长的能力便意味着拥有了致命武器。如果企业一直处于线性增长的发展模式中，到最后你会发现，增长永远没有竞争对手快，机遇会不断地从你身边闪过，风险系数也会水涨船高。

我们惊叹于抖音的迅速崛起和阿里巴巴帝国的快速扩张，也好奇是什么让谷歌在波诡云谲的竞争市场里始终走得稳健从容。其实，不管是抖音、阿里巴巴还是谷歌，它们的成功都离不开“破界增长”的作用。

人类几千年的历史发展轨迹都是线性的，但由于技术和思维方式的改变，世界的变化不再是 20%、40% 和 60% 这样的线性增长，而是平方、四次方、八次方这样的指数级飙升。近年来，不断有新兴企业崛起，颠覆行业巨头，这背后正是“线性思维”到“幂次法则”的转变。

世界 500 强一直以来都是企业界的风向标。1920 年，世界 500 强的平均寿命是 67 岁。到了 2019 年，世界 500 强变得越来越年轻，平均寿命只有 12 岁。这就意味着那些曾经的老牌大企业逐渐被新兴企业取代。其根本原因就在于传统的“线性增长”被“破界增长”打得一败涂地。

在对运用“破界增长”的众多新兴企业进行深入研究之后，我们发现这些企业飞速增长的动力大多来自以下三大方面：数据驱动、创业原力和组织觉醒。现象级 App 抖音是应用“破界增长”这个飞轮的典型案例，在第七章我们会重点讲述它是如何做到的。在第八章、第九章和第十章，则是介绍映客、Supercell、Valve、美团等指数级增长的企业如何分别运用数据驱动、组织觉醒和创业原力获得巨大成功的。

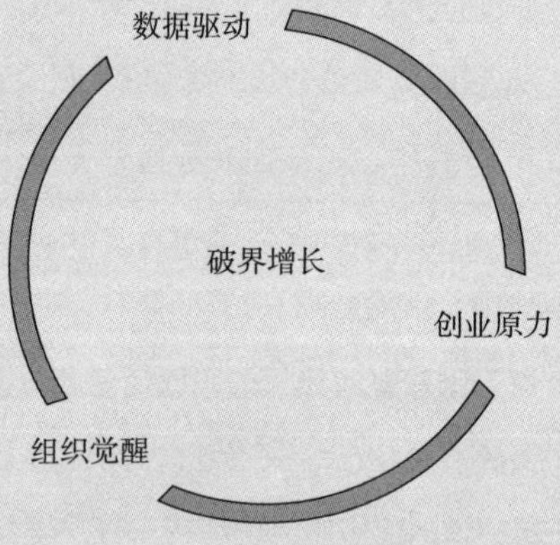

“破界增长”的三大构成要素图

第七章
抖音逆袭成为全球第一

从 2016 年开始，字节跳动采取内部孵化、并行开发的方式，开始在短视频领域深度布局。当年 4 月，字节跳动将今日头条下属的头条直播独立运营，后将其改名为火山小视频。火山小视频的定位是 15 秒原始生活小视频社区，以三四线城市的年轻用户作为目标群体，通过小视频帮助用户迅速获取内容、展示自我、获得粉丝、发现共同爱好。

2016 年 5 月，字节跳动又将面向三四线城市中年男性群体的头条视频独立运营，后将其更名为西瓜视频，专注于提供 UGC（User Generated Content，用户生产内容）和 PGC（Professionally Generated Content，专业生产内容）的个性化推荐。

2016 年 9 月，以 UGC 内容为主的 A.me 上线，这便是后来名震江湖的抖音短视频的前身。抖音以节奏感强的流行音乐与特效互动，吸引了一大批追求时尚有趣的年轻人，并在潜移默化中改变着人们的生活轨迹。与此同时，内容创业者们也不约而同地转战到抖音，各大 MCN 纷纷入驻。品牌商们也齐刷刷地把自己的营销阵地转移至抖音，并有意识地增加自己的短视频营销预算。从“双微一端”（微信 + 微博 + 新闻客户端）到“两微一抖”（微信 + 微博 + 抖音），抖音正在成为各大企业宣传自己品牌文化、积攒目标用户的流量重地。而所有的这些变化都是基于抖音的巨大流量池、产品功能和生态引导机制。现如今，抖音的每一个动作，都会牵动数亿人的商业神经。

在广州，张健晖于 2019 年 2 月彻底放弃了本职工作，决定在抖音生态中开始零成本创业。他通过抖音介绍好玩的物件，为商家导流变现，收入远超上班工资。

在上海，“牛肉哥”陈锜在 2017 年末被合伙人下了最后通牒，“再不上抖音就散伙”。如今，抖音成为他们卖牛排的重要渠道。

在北京，多年从事视频内容营销的创业者李浩发现企业业务增长停滞，不得不将重心全面转向短视频平台，而抖音成为他的主战场，目前在企业营收中的占比已超过 70%。

在杭州，2019 年 3 月，一场民间自发组织的“世界抖商大会”吸引了 4 000 余人前来参加。经历过微商掘金潮之后，他们渴望抓住这次时代性的机遇，成为“抖商”。

除了商业机构，抖音甚至吸引了许多主流的官方媒体，例如《新闻联播》。

2019 年 8 月 24 日，央视《新闻联播》栏目正式开通了抖音号。在首条抖音短视频中，主持人康辉坐在主播台上说：“《新闻联播》值得您期待，这里有足够的理智与情感……关注央视新闻抖音号，我们一起抖起来，一起上热搜。”

仅一天时间，央视新闻抖音号的粉丝数便接近 1 500 万，直接冲上当天的热点榜第一名。截至 8 月底，央视新闻抖音号点赞量最高的一个抖音视频，获得超过 1 800 万个赞。

说到《新闻联播》，很多人的第一反应是正式、严肃。多年来，《新闻联播》主持人传播信息的方式已经深入人心。这样的“中国政坛风向标”让人很难将其与网络、新媒体甚至时髦联系在一起，但在抖音的技术加持下，《新闻联播》拥有了轻松、幽默、接地气的时代特征，与百姓生活的联系更为紧密。

抖音是一款音乐创意短视频社交软件，也是一个专注年轻人的音乐短视频社区。用户可以通过这款软件选择歌曲，拍摄音乐短视频，形成自己的作品。作为字节跳动旗下的又一款爆款产品，抖音的发展速度同样令人咋舌。移动应用数据分析公司 SensorTower 的数据显示，2019 年第一季度，抖音及其海外版 TikTok 新增用户达 1.88 亿，较 2018 年同期增长 70%。2019 年 5 月，抖音当月的全球总收入达到 900 万美元（不包括中国第三方安卓渠道），同比增长近 500%。

数据驱动：业务规模的裂变增长

多层面的巨大突破

为了破解抖音飞速增长的密码，我们将其与国内外 100 多款短视频 App 进行了比较，发现它在以下五个方面实现了巨大突破。

1. 全屏高清

如果将一模一样的短视频放在不同的尺寸中进行对比，全屏的效果无论是在视觉冲击力上，还是在身临其境的感受上，都远胜其他尺寸。在抖音之前，大多数短视频工具都呈现为各种各样不同的尺寸，而抖音采用了最适合手机原生相机的全屏高清技术，这也让很多用户在第一次使用之后便对其欲罢不能。

但做高清短视频，抖音需要付出更多的 CDN（Content Delivery Network，内容分发网络）成本。现在看来，付出这些成本无疑是值得的，这让年轻、挑剔的抖音用户在这款产品上找到了最好的使用体验。

2. 精致的特效和滤镜

中国的绝大多数年轻用户都较为喜欢特效、滤镜等效果。试想，谁不喜欢更漂亮的自己？这也是我们从 App Store 的排行榜前列，能够看到较多相机滤镜拍摄工具的原因所在。

为此，抖音对美颜、滤镜功能进行了极大力度的投入和优化，这也是抖音受用户欢迎的关键要素之一。

3. 更好的拍摄体验

虽然人类进入手机时代的时间已经颇为久远，但我们发现，众多短视频软件对拍摄并没有进行足够的优化，这也是抖音胜出的又一法宝。为了给抖音增强护城河，字节跳动将这件事情做到了极致，一方面收购了 Faceu（激萌）的团队，开发了轻颜相机，独立开发了“剪映”。通过收购和自主研发，字节跳动一度在苹果应用商店该品类免费应用的前十名中占了六席。用户无论怎么选择几乎都会“跳入”抖音的怀抱。

举个例子，众所周知，抖音上很多优质的作品都是来自生活中的随手拍摄，但如果在公共环境中拍摄短视频，就难免会出现动作幅度较大的镜头切换动作。一般情况下，如果使用手机自带或者其他视频软件提供的拍摄功能，拍出的视频通常会因为手机的晃动而出现失真以及虚焦的现象。为了避免这种情况的出现，抖音特意开发了防抖功能。在抖音上有一个随手拍摄按钮，用户在拍摄短视频的时候，只需要用手按住屏幕，就可以进行拍摄，即使手指出现滑动，最终呈现出的视觉效果依然会非常清晰、优质。虽然这只是一个看起来很小的体验差异，但却在极大程度上，让用户体验到了抖音的强大技术能力，大大降低了用户在拍摄时的不安全感。

4. 个性化推荐

短视频社交分享平台的建立其实是一个慢生长的过程，抖音内部将其称为“双边”，一边要有创作者源源不断地贡献内容，另一边还需要有消费者去浏览这些内容，这样“双边”的效能才会充分发挥。抖音的个性化推荐，能够快速帮助用户找到自己喜爱的内容。

5. 将AI整合进产品创意

抖音的成功，在很大程度上还要得益于公司内部不为外人熟知的 AI Lab（人工智能实验室）。

AI Lab 始建于 2016 年 3 月，其研究领域包括机器学习、自然语言处理、计算机视觉、人机交互等前沿技术，并将其研究成果应用于字节跳动的产品中，从而改变了人与信息的连接方式，推动人与信息交流的不断深化及优化。

AI Lab 的个性化推荐系统在学习海量数据时会不断进化，

在每秒上千万次的运算速度赋能下，不断优化推荐效果，并反馈给使用者，实现人—数据—算法—信息的良性循环。2017年底，凭借“互联网信息摘要与机器写稿关键技术及应用”项目，AI Lab 荣获了吴文俊人工智能技术发明奖。

在很多人看来，简单的内容推荐或许用不到太多的 AI 技术，但是抖音通过深度挖掘，发现 AI 在创作、互动和分发三大环节中，都能发挥重要作用。AI 能够在深入理解内容、做好推荐的同时，让内容创作更加高效、内容管理更为方便。

张一鸣曾说过自己对 AI 的思考：“AI 技术本身具有网络效应，越多人用越好用，用得越久越好用，信息越多，模式识别得越多，就越是准确。”在他看来，AI 在商业变现方面也非常有吸引力。拿推荐系统和广告来说，只要更新一个模型，就可能会带来几个点的利润。

通过 AI 技术，能够把人脸识别、肢体识别和 3D 渲染这些基于深度学习和图像识别的技术，应用于抖音的全景贴纸、尬舞机、AR 贴纸、3D 染发等创意之中。

有些功能并非抖音所独有，比如染发。在抖音之前，市面上其他短视频产品的染发效果都不尽如人意，没有层次感，看起来不立体，有的产品甚至只有一种颜色，缺乏过渡色。而通过对 AI 技术的深入研究，抖音能够做到 3D 渲染、人脸识别，这便让短视频的呈现效果更为贴近真实，让用户的使用体验更有惊喜感，这才是技术对一家公司的产品功能和用户体验的真正赋能。

相信用户不如相信数据

张一鸣本人是标准的理工男，他在公司内部大力推行数据驱动策略，一切以数据说话，采用 AB 测试的方式对产品假设进行测试验证，即每次采用不同的方案，同时收集并分析数据，最终找到用户最喜欢的产品设计、运营方案。产品设计、运营方案一旦确定，接下来便是此前多次强调的“大力出奇迹”，将可调配资源大举压上，在最短时间内彻底占领用户心智，不给对手任何可乘之机。

数据驱动：通过商业智能、人工智能和 AB 测试等高效自动化手段来进行业务决策，而不是通过经验决策。通过自动化的“构建”、“运行”和“监测”，实现从“提问”、“锚定”、“共创”到最终“精炼”、“决策”的快速价值探索和验证过程，将持续交付理念植入自动化的工具，彻底打破决策边界，从而实现业务规模的破界增长。

数据驱动的最大优势，便在于其决策过程较人工决策更为迅捷、客观，发现问题后的反馈和解决速度也更快。这便意味着其在发现成功的产品模式之后，可迅速大量复制，为企业提供源源不断的增长动力，构建出一条又一条“第二曲线”，发现问题的时候也可以快速改进。

乔布斯曾经说过一句颇为经典的话：“我们不会到外面做市场调研，只有差劲的产品才会做市场调研。”客户永远只会对自己已知的事物有需求，并且需求主要表现在更好、更多、更快、更便宜等方面，难以有突破性的想象空间。

当年大家都在用诺基亚和摩托罗拉的时候，你有没有想过手机只需要一个键就能实现全部功能？这是压根无法想象的事情，大家能想到的只是手机的质量能不能更好、电池能不能更耐用、价格能不能更便宜、外形能不能更亮丽……可以说，在这些方面诺基亚已经做到了极致，然而它依旧败给了跨时代的苹果手机。

乔布斯的观点源自汽车大王亨利·福特的名言：“如果我当年去问顾客他们想要什么，他们肯定会告诉我‘一匹更快的马’。”在汽车普及之前，人们最熟悉的交通工具是马车，这时候问顾客，他自然会说马车，无论如何也想象不到“四个轮子的钢铁怪兽”。

像汽车和苹果手机这种颠覆性的创意从何而来？肯定不是来自当前客户的反馈，但如果将其完全归功于福特和乔布斯的灵光乍现，又似乎太难以触摸，更遑论量化复制。张一鸣给出的答案便是数据。换言之，相信用户不如相信数据。张一鸣对数据的痴迷近乎疯狂。在公司组建初期定点挖人时，张一鸣就曾向招聘对象许诺未来公司估值的变化，而迄今为止的预测，大都与事实相符。

对于数据，张一鸣一直以来都有着异于常人的“偏执”。抖音进行了极为广泛的用户数据收集，细化到人的特征（职业、年龄、性别、兴趣爱好、短期点击行为、搜索行为和收藏行为等），环境特征（场景、时间——饭后或周末、网络环境——Wi-Fi或移动流量等），视频特征（时效性、热度、相似度、停留时间等），就连用户的观看细节也通过数据一一量化，做到了近乎眼动测试的程度（通过视线追踪技术，监测用户在看特定目标时的眼睛运动和注视方向，并进行相关分析）。

通过这些数据，抖音的数据工程师便可以分析用户观看视频的滑屏速度、观看习惯和观看速度，就连用户在什么地方快速滑过，又在什么地方仔细观看都能准确掌握。最终，这些细节以数据的形式量化，并反馈给内容创作者，帮助他们持续优化视频内容。

2017年底，当时抖音的体量小到不足以被巨头重视，仅属于字节跳动短视频战略中的一步。负责该项目的团队有过这样的说法：“只要加权推广，压过快手仅是时间问题。”要知道，当时抖音的日活跃用户数量尚不足3 000万人次，而快手的早已过亿。

抖音的底气正是来自后台的数据。用户数量取决于两大数据：一个是拉新，另一个是留存。拉新需要各方面资源配合，需要张一鸣口中的“大力出奇迹”，而留存则决定了抖音能否获得“大力”支持。当时抖音的留存数据已相当可观，这说明用户的黏性足够高，是时候大力拉新了。

抖音的商业化早已起步，2017 年底，字节跳动将抖音纳入了头条体系。这便意味着，在头条投放的信息流广告，也可能出现在抖音上。

2018 年春节，抖音不惜重金在价格最贵的春运时段，在京九铁路沿线选择性投放广告，就连移动端电影票选座信息也被当作抖音宣传的广告位。当时，正在成都地区调研的团队发现成都的所有影院几乎都被抖音覆盖。拉新的效果让整个互联网为之惊叹，在短短的一个春节假期中，抖音的日活跃用户数量从 3 000 万人次，直接冲到了 7 000 万人次，翻了一番还多。

2018 年春节后，这个坐上火箭的短视频 App 便以极快的速度实现了独立的商业化运营，一战封神，令业界瞠目结舌。

AB 测试和持续交付

通过对抖音的深入观察和调研，我们提炼出了它的新产品孵化模式：先期确定大方向，在公司内部快速组建多个产品团队，搭建产品矩阵，然后通过增长黑客或AB测试的方式得到各项数据，从中找到最合适的用户留存方式，最后通过核心算法和技术，为产品挖掘护城河。其中最为人津津乐道的，莫过于名震江湖的AB测试。

AB测试，指的是产品优化的一种方法，即为同一个优化目标制订两个方案（比如两个页面或两款产品），让一部分用户使用A方案，同时另一部分用户使用B方案，收集、统计并对比不同方案的转化率、点击量、留存率等指标，以判断不同方案的优劣，最终以此作为决策的依据（见图7-1）。

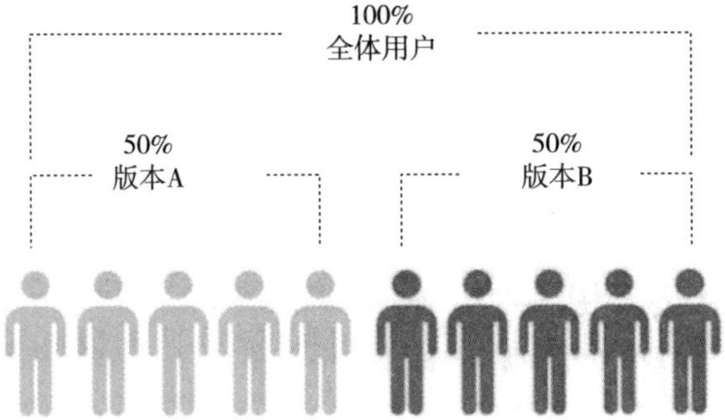

图7-1　AB测试

在AB测试比较成熟的公司中，可能并不只有A和B两个版本，有时也会使用ABC测试、ABCD测试，甚至ABCDE测试。不管同时运行几个实验，都可以将它们统称为AB测试。

像谷歌等国外的大体量公司，它们本身具有较为成熟的AB测试系统与数据分析平台，平均每周的AB测试就远超

2 000 个，其中还包括一些相对复杂的实验，如推荐算法 AB 测试等。至于国内的 BAT 等一线互联网公司，每周也会进行难以计数的 AB 测试。

从某种意义上讲，自然界早就给了我们足够多的启示。为了适应多变的环境，生物群体每天都在发生基因变异，最终物竞天择，适者生存，留下了最好的基因。这种精巧绝伦的生物算法，或可称为大自然布置的最成功的 AB 测试。

2016 年，基于对市场的预判，字节跳动决定在短视频领域发力，几乎同时启动了抖音、火山小视频和西瓜视频，分渠道进行 AB 测试。其中，火山小视频的数据表现最好，便于 8 月作为独立的 App 推出，并在两个月后，接入头条的算法系统。抖音前期的增长相对而言较为缓慢，随着技术的不断优化升级，抖音的留存数据越发抢眼，这才有了后来的资源聚集。

从某种程度上说，AB 测试的过程，其实也是公司资源配置的过程。有别于你争我抢的内斗和“赛马”，这种配置过程更像是生物黏菌一样，以最小消耗建立最优路线的自然聚集。其中最大的决策原则就是数据，利用 AB 测试尽可能量化一切指标。依循数据驱动原则，张一鸣相信，总会有好的产品跑出来。他要做的事情是负责公司前进的大方向，关注几个核心项目组。

需要注意的是，AB 测试仅是一种工具，从中折射的却是张一鸣这个理工男的浪漫情怀。业界有人曾将字节跳动形容为“AB 测试公司”，张一鸣对此很不认同。在他看来，字节跳动是一家务实的浪漫公司，AB 测试是其务实的一种具化体现，务实的目的是实现宏大的浪漫。按张一鸣的话说，通过 AB 测试的方式，“把想象变成现实”。

张一鸣曾发过一个微头条：“同理心是地基，想象力是天空，中间是逻辑和工具。”AB 测试正是这个工具，仅仅依靠 AB 测试，肯定无法测出用户需求，同理心才是重要的基础。如果没有同理心，做出的产品肯定没有灵魂，不能满足用户需求。但是光有同理心还不够，那样只能做出有用的产品，想要产品出彩，便又回到了那个词——想象力。

张一鸣本人是如此描述的：“在今日头条还非常简陋、信息很少的时候，就想象着它连着一根智能的天线，天线连着无边的信息海洋。用户每刷一次，就会从海洋取回此时此刻此地自己最感兴趣的信息。所以，今日头条努力涵盖了各种各样有用的信息，从新闻到图片，从三农到学术。”

“抖音也是如此，我们一直想象着通过全屏的视频，让手机变成一扇窗户。用户透过这个窗户，能够看到一个五彩斑斓的丰富世界，而抖音是这个世界的投影，这种感觉非常奇妙。如果没有想象力，你可能只会做出一款对口型的热门应用或搞笑视频软件，抖音也不可能从一款炫酷的音乐舞蹈小众软件，演化成包容美丽风光、戏曲艺术、感人故事、生活消费的大众平台。”

通常而言，在一个产品团队里，总是存在这样五个角色——产品、研发、运营、测试和运维。几乎所有的互联网公司，都会根据员工的技能将他们分到相应的五个部门，部门边界便随之而生。用通俗的话说，就是“屁股决定脑袋”，不同部门的员工，自然会优先考虑本部门的利益，或多或少总会对部门间的协同产生影响。

所谓“持续交付”，指的就是通过一种可靠的、自动化的、可重复的交付方式，快速将软件发布给用户。它是软件系统的构建、部署、测试、审核、发布过程的一种自动化实现。简而言之，“持续交付”就是一种软件团队端对端的交付能力，通过端对端的方式，去解决部门墙的问题。

在抖音的早期业务中，为了保证产品的快速迭代，往往都是由QA（品质保证）部门进行最后的产品验证，于是便经常出现QA部门的员工每到更新日便要加班到半夜。究其原因，主要是构建测试包的速度太慢。在大型业务中，构建一次测试包便可能花费几十分钟甚至几个小时，而产品的一次更新，需要构建的测试包数量较为庞大，这便需要QA部门人员花费很长的时间加以验证。

针对这一痛点，抖音在构建组织中台之后，自研了编译方案，在业务无任何改动的情况下，将单次打包时间缩短为

3~5 分钟并推广至每个业务前台。这是抖音使用“持续交付”方法的一项具体实践。基于这套方法，抖音几乎尝试了全部的实践，并持之以恒地加以优化，注重这些实践对公司整体运营效率的系统性提升，而不是短期的财务收益。

“数据驱动”的落地，不能没有“持续交付”的技术支持。要想不断提升产品团队持续交付的能力，需要极为强大的技术中台配合和“持续交付”解决方案的落地，一方面是技术问题，另一方面是团队的能力和意识问题。

如果团队中各个角色的意识和能力不足，只有一套技术框架，也无法实现抖音如此快的验证速度和如此强大的“持续交付”能力。

让数据代替人做决策

众所周知，腾讯有着或可算是全中国顶级的产品大师，他的名字是张小龙。他负责开发的微信，已经彻底改变了中国人的熟人社交模式，上至 80 岁老翁，下至学语幼童，基本都会点开微信，跟家人语音聊天。张小龙的产品观已经影响了一批又一批的后来人，毫无疑问，他是微信进行新产品开发和老产品升级的最终决策人。

在字节跳动，也有三位段位相近的高级产品开发者，他们分别是今日头条前 CEO、2019 年 9 月起全面负责字节跳动内部创新业务的陈林；互娱部门总负责人，统管抖音、火山小视频、Faceu 等多个产品的张楠，她同时也是抖音总裁（需要提醒大家的是，西瓜视频的总裁也叫张楠，不过是位男士，为了便于区分，我们将前者称为女张楠，将后者称为男张楠）；最后一位自然是张一鸣。

张一鸣、陈林和女张楠都是产品高手，也都有着自己辉煌的产品履历和丰富的研发与运营经验，如果意见一致自然万事大吉，一旦彼此意见相左，到底由谁来做决策？有理由相信，如果张一鸣强势要求一切听他的，自然也是一种“一言堂”的决策方式，然而张一鸣并不这样认为。

他的想法是，听谁的都不是最佳选择，没有人能完全预知市场的反应和产品未来的走向，只要是人，就有出错的可能。人总会犯错，但数据不会，不如听数据的，由数据来做决策。在数据面前人人平等。

字节跳动从创业之初，就秉持着数据决策的一贯思路，就连旗下产品的名字，也是通过数据决策的方式定下的，创始团队没有进行头脑风暴，没有所谓的民主投票，更没有张一鸣大手一挥就此拍板，而是采用科学实验的方式，通过数据观测来决定。

字节跳动将 App Store 上各类免费榜单的前十名整理出来，然后根据名字归类，如朗朗上口白话类、内涵情怀类、模拟特殊声音类、公司名＋用途类等，分析各类数量的占比情况，最终的分析结论是朗朗上口的大白话效果最好。

随后，他们便开始分渠道进行 AB 测试，将界面、功能和 Logo 完全一样的产品分别投放于各种发布渠道，统计各个渠道的用户下载量和活跃度等核心数据指标，最后测得哪个效果最好，然后便开始集中资源狂轰滥炸。最终，大力果真出了奇迹。

由于创始团队的技术背景，数据决策是件极为自然的事情，在整个公司中，从最高管理层张一鸣开始，所有人都对此极为重视。36 氪曾在一篇报道中写道：字节跳动每发布一个新 App，其名字都必须打 N 个包放到各大应用市场进行多次 AB 测试后再决定，张一鸣告诉同事："哪怕你有 99.9% 的把握那是最好的一个名字，测一下又有什么关系呢？"

再说一个数据决策的故事，这个故事与商业无关，但又与商业息息相关。

2017 年，字节跳动在上海启动了一档大数据全民选秀节目——《中国好表演》。和以往的选秀相比，《中国好表演》最大的特色便在于依托海量数据和先进的人工智能技术，预测《中国好表演》选手的市场价值和观众认可度，同时分析出选手的潜在拥趸即粉丝的年龄层、地域分布、消费能力，甚至活跃时间等信息，为选手的发展规划提供决策依据。

由于物联网的兴起和越来越多影响人们生活的 App 的出现，获取数据已经不再是问题。而随着大数据和人工智能技术的不断成熟，分析数据也变得越来越简单。这种科学理性的决策方式，或许在未来的各个领域都会越发常见，且让我们拭目以待。

组织觉醒：重新设定公司结构

每一个组织和产品都有增速下降、冲高回落的那一刻。一个产品在遭遇极限点之后，只能放慢脚步，而组织也必须进行转型，从而激活组织活力，突破周期性规律，进而开创出一条又一条“第二曲线”。抖音无疑正是个中翘楚。

从这个意义上说，组织能力的破界增长，也是抖音飞速发展的内在动力之一，我们称之为“组织觉醒”。

“组织觉醒”是指把大公司多层级管理方式变更成管委会和专业委员会领导的多业务单元并行的“强中台、快前台”的扁平化组织架构，重业务增长，去官僚政治。基于独立的业务单元，给予团队多种形式的激励（股权、期权、分红、奖金等），授权具备创业精神和经验的人才主导核心业务，鼓励团队争抢灰色地带的工作，打破部门边界，进行跨职能协作，把企业从个人英雄驱动增长的方式转型成组织能力驱动增长的方式。

重新定义中台

在移动互联网的大潮下，从BAT到美团、京东和华为，许多企业都在调整自己的组织架构，探索属于自己的组织觉醒方式。字节跳动的做法之一，便是建立自己的中台部门。言及于此，有必要对中台这个概念做一个界定。

所谓中台，是指通过制定标准和机制，把不确定的业务规则和流程通过工业化和市场化的手段确定下来，以减少人与人之间的沟通成本，同时还能最大限度地提升协作效率。这种理论最早出现于美国军队的作战指挥体系当中，代表了一种高效、灵活和强大的指挥体系。

我们接触过许多企业，也和这些企业的创始人进行过关于中台的讨论。在一部分人眼里，中台就是技术平台，像数据平台、微服务开发框架、持续交付平台、PaaS平台、容器云之类的。这种中台也被称为“技术中台”，所有的技术中台都依赖前文介绍过的**“持续交付”**进行落地。在另一部分人看来，中台就是业务平台，像最常见的用户中心、订单中心、各种微服务集散地等。这类中台可概括为“业务中台”。还有一部分人认为，中台应该是组织层面的事情，通过组建中台释放组织潜能。这类中台在企业中主要起到投资评估与投后管理的作用，类似企业内部资源调度中心和内部创新孵化组织，我们将其称为“组织中台”，这也是我们希望在此探讨的主要内容。

说到中台的话题，大家可能首先会想到阿里巴巴的“大中台、小前台”战略，这的确是阿里人不懈努力的技术结晶。华为也早在几年前，就提出过“大平台炮火支撑精兵作战”的战略，这与阿里巴巴的方式有着异曲同工之妙。强力的技术和统筹部门居中调动，为企业集中资源攻克技术难关，发展重点项目提供了组织上的支持；而灵活机变的基层团队具体实施，能够有效降低决策失误的成本。当两者合二为一的时候，企业的组织潜力也会得到极大的激发。

阿里巴巴之前的组织架构是沿用典型的树状结构。把具体业务划分为九类，并对每一块的业务进行了很明确的细分，共下设25个事业部，分别由九名事业部总裁负责。但随着业务的扩展，用户数量的急速增长，臃肿的内部架构严重拖垮了组织的运转效率。为了解决这个问题，阿里巴巴开始进行组织架构的调整。

在调整之后，原有的横向树状结构转变为垂直网状结构，原来的25个事业部被重新整合，而具体业务中一些能够为业务线提供基础技术、数据等支持的部门被挑选出来组合成为“大中台”，统一为业务线提供支持和帮助。

在日常工作中，中台会持续收集不同业务部门遇到的共性问题，然后集中资源、人才和时间进行统一处理，直接从根源上解决问题。最后中台会将解决问题的具体方法，发放给有需要的部门，由他们进行实施。这样，既可以促进产品的更新迭代，也能保证各业务部门的敏捷灵活，最大限度地减少“重复造轮子”的 KPI 项目。

通过中台的建立，阿里巴巴将原来复杂的组织架构扁平化了，管理层通过中台与基层团队形成了联系。同时平台的导购业务、供应链业务、数据业务都具备了强有力的技术后盾，业务团队的工作效率也因此得以提升。为了应对千人千面的用户需求与瞬息万变的市场，阿里巴巴也建立了灵活的小前台。因为团队体量较小，所以敏捷性更高，试错成本更低，保证了资源的最大化利用和成功方法论的复制。同时小团队之间也容易打通数据边界，项目组之间不会形成明显的利益山头，也就避免了各自为政、合作困难等问题出现。

抖音也将业务分成了中台和前台两条线，中台由三个部门构成：用户增长、商业化和技术。其中，增长团队集技术团队、运营团队和产品团队于一体，主要对接产品的用户增长，形成了独有的、普适性的方法论，可算是当前国内最顶尖的增长黑客团队；商业化部门主要负责产品的变现工作，如各个产品的广告业务、电商业务和后起的直播业务等，这是抖音员工最多的部门；技术平台则分为平台、技术、垂直产品等，负责提供推荐、算法等策略。

大部分产品最核心的三个环节——拉新、留存和变现，都被抖音接入了相应的中台部门，由后者提供支持。

在这样的“强中台”架构之下，抖音的前台团队大多较小，一款产品的拉新、留存和变现，均可由中台部门加以实现，仅需再配置10人以下的前台部门，便可以组建一个小型的产品团队，这些前台团队采用“轻敏捷”方法，通过数据驱动快速尝试和迭代产品，也就是所谓的“快前台”。

“强中台，快前台”的组织架构，相较按项目分组的架构而言，具有以下优势：强中台协作效率极高，保证了资源的最大化利用和成功方法论的复制，而且更容易打通数据壁垒，大大发挥数据在业务中的商业价值，增强项目组之间数据资产的共享；快前台的敏捷性更高，试错成本更低，可以基于用户的需求灵活多变。

在和抖音团队的交流过程中，我们了解到其构建强大组织中台的初衷。随着业务的发展以及开发人员的增加，每款大型产品都需要对应数量的开发人员作为支撑。在长期的协作中，各大开发团队都会遇到一些较有共性的难点。比如，构建速度慢、开发测试周期长、协作困难等问题。而在快速的业务迭代过程中，各大业务团队的开发人员往往只会对所在团队的问题进行简单优化，多次出现各大团队重复“造轮子”、跨业务合作困难等现实问题，因此资源浪费、效率低下。

针对这种情况，抖音将这些大型产品开发中遇到的问题进行抽象，形成一个统一的解决方案，并将资源交由统一的组织中台调配，通过在跨业务团队以及特定大型业务线中试点，逐步推广到其他业务线，最终打造出了大家现在看到的“强中台，快前台”的架构。

组织中台的构建，是为了解决技术架构与业务架构“慢与贵”的矛盾，最终实现业务“配速”。当然，不同公司有着不同的需求，最为合理的中台架构必然是以解决公司当前的业务与技术矛盾为出发点的，因此需要具体问题具体分析，设计一套最符合自身需求的中台服务体系，不必一味效仿。

中台的构建，是一个动态的过程，应该因地因需制宜，在建立统一的中台架构后，也需要不断调整中台的具体构成。

众所周知，字节跳动的直播业务主要依托抖音、西瓜视频和火山小视频三个短视频产品展开。基于此，2019 年 3 月，字节跳动开始组建“直播业务中台”，其中抖音、西瓜视频和火山小视频三个短视频产品的直播技术和运营团队被抽出、合并，组成一个新的“直播业务中台”，用以支撑字节跳动旗下的所有直播业务。

根据我们的了解，字节跳动组建“直播业务中台”的出发点，是希望通过在底层技术、运营管理层面进行统一，从而更好地服务视频创作者，同时提供更好的审核管理、更优化的用户体验和更多元化的直播内容。

字节跳动最大的收入源自广告，而广告是 To B 的商业模式，直播则是 To C 增值服务的商业模式。从本质上说，字节跳动此前在信息流（包括短视频）产品方面的技术和商业化经验，无法直接复制到直播上。这或许才是字节跳动决定另起炉灶，搭建新中台的根本原因。

当然，对于企业来说，在哪些部门建立中台，中台提供的服务包含哪些，都要根据企业自身经营的特点，以及当前面临的主要发展矛盾与技术问题来进行有针对性地设计。所以企业在搭建自己的中台之前，首先要对企业当前发展的阶段和经营特点进行系统地了解，然后通过具体问题具体分析的方法，制订适合自身的构建方案。

轻敏捷的公司结构

如果说，“强中台，快前台”的组织架构是字节跳动的硬件，那么轻敏捷的公司结构，应该算得上这家公司快速发展的底层逻辑。

那些运营良好的公司与运营停滞甚至倒退的公司之间，并不仅仅是表面上的数据存在差距，还有可能是创始人对公司运营的理解存在差异。

从 2012 年创业至今，字节跳动已经走过了八个年头，如今已拥有超过四万名员工。如果说在当初团队只有几百人甚至几千人时，内部管理对张一鸣的挑战不大，公司文化也能保持最初的纯度，那么时至今日，如何才能让这个庞大的组织在一个被验证有效的逻辑框架下继续顺利运行？

张一鸣给出的答案是“Develop a company as a product（像运营产品一样运营公司）”。在他看来，创业其实同时在做两个产品，一个是为用户提供服务的产品，另外一个产品就是公司，而 CEO 就是公司这个产品的产品经理。

字节跳动的公司结构是“1—14—91”。正因为“强中台，快前台”的管理架构，字节跳动的组织架构非常扁平化。张一鸣直接领导了 14 名企业高管，如女张楠作为抖音总裁，也负责互动娱乐服务；柳甄作为企业发展高级副总裁，主要负责国际化事务等。这些高管又领导了 91 位“二把手”，共 106 人。再往下，便是所有一线员工。换句话说，从字节跳动的普通员工到张一鸣，最多不超过四级汇报链条，从而保证了信息的高效流动。与腾讯、阿里巴巴、百度不少团队几十人就有 4~5 个层级相比，字节跳动的上下级合作关系更和睦和坦诚。效率极高，决策极快，敢于冒险，勇于创新，这是过去五年当中 BAT 远远不及字节跳动增长快的主要原因。

我们对张一鸣的管理理念进行了细致梳理，得出了以下三大原则，以飨读者。

1. 减少规定和审批

字节跳动不允许各部门内部随便出规定，即便不得不有规定，也要求规定一定要极为简单易操作，绝不允许有长达几页纸、非常难执行的规定。与此同时，张一鸣还要求企业内部尽量减少审批环节，甚至希望尽量不要审批。

2. 灵活的组织结构

由于“快前台”的组织架构，字节跳动在推出某款新产品之初，往往是以虚拟项目组的形式运作：如果这款产品的表现不错，再对此项目组加以稳固。

这种做法，便决定了小组牵头人的流动性比较大，字节跳动不会出现一个人长期固化在一个岗位的情况。如果有新的业务，就会发生岗位变动，资源的流动跟着产品走。如果一个人喜欢一成不变，多半在字节跳动难以适应。

由于组织结构随时调整，汇报关系也会随着业务需要随时调整。打个比方，如果有一个项目非常重要，字节跳动可能会要求市场部的员工都对此项目进行支持，那么在这段时间里，这个项目的主管便会成为市场部员工的主管。

除此之外，字节跳动的每位员工每年都有两次晋升机会，只要能力强、有水平，晋升面试时甚至不需要使用PPT。

3. 构建一个好的内部协作系统

在字节跳动内部，有着将近百人的工具开发团队，进行各种内部工具的研发。比如，内部的 OKR（目标与关键成果）系统便由团队自行研发，并和内部使用的 IM 打通，方便同事之间相互查看。

这些基础的内部工具，一方面可以让员工更加轻松地工作，另一方面也便于规模化推行，从而不断提升内部协作系统的分布式处理能力。比如，新人在加入公司后，能在较短时间内适应内部的 OKR 系统，从内部获取信息，与此同时，他也能意识到，自己不仅有获得信息的权利，也有支持相关工作的责任。

创业原力：始终创业实现“从1到N”

创业者都希望企业在实现“从 0 到 1”后，能够一路做大做强，招更多的人、做更多的项目，在自己所处的领域占据领先地位，走上“从 1 到 N”的道路。然而，我们在观察了数千家优秀的创业企业后，却发现很多企业在创业之初，往往能够团结一心、创意无穷、高效执行，可是一旦走过了“从 0 到 1”的阶段，大多数企业就会遇到一个瓶颈。

企业在“从 0 到 1”的阶段通常是创始人依靠个人英雄主义，带领团队高效执行来攻城拔寨，占据一定的市场地位。

在这个阶段，管理不是特别重要，重要的是团结一心，高效执行，互相补位，快速实现企业的业务目标。

当企业进入“从 1 到 N”这个发展阶段的时候，这种模式遇到了极大的挑战，这个时候继续依靠个人英雄主义驱动增长的方式就成为企业发展最大的瓶颈。大多数创始人都是业务或者技术背景出身，并没有丰富的管理经验，很多增长较快的创业企业的CEO从来没有管理过大规模的团队。例如，有的人之前最多管理过 30 人，现在却要管理 500 多人。同时，创始人都是很孤独的，企业里其他同事遇到问题可以问自己的上级，但是 CEO 无人可问，而且每天还要解决别人解决不了的最有挑战性的问题。一方面业务增长、管理团队的压力极大，另一方面自身的管理能力、经验严重不足，企业的增长因此受到严重的影响。在这种情况下，大部分创始人会选择通过增加更多的职能部门和管理岗位来协助其运营企业。但归根结底还是没有脱离个人英雄主义驱动企业增长的模式。在持续发展中，企业不可避免地会患上“大公司病”，沟通成本变高、目标不一致、部门边界严重、“屁股决定脑袋”等一系列问题都会暴露出来。本来领先的业务优势在这个时候也遭遇竞争对手的强劲挑战，眼看着一个个新企业崛起，自己却束手无策。在互联网行业中尤其如此。

然而，字节跳动却是个反例。张一鸣在 2019 年初写给所有员工的内部信中，用的说法是“始终创业”。在信中，张一鸣写道：“2018 年，我们虽然也取得了一些成绩，但是因为外部环境、行业竞争以及自己的管理、决策、执行的失误和不足，也有很多损失。可以说是有喜有忧，有危有机。而2019年的外部环境会更加复杂和动荡，企业面临的挑战非常大，大家要保持‘始终创业’的心态。”2017年的字节跳动像极了2011年的腾讯，腾讯在2011年到2015年实现了业务破界增长，其微信、互动娱乐业务在张小龙和任宇昕两位“大神”的带领下更是独占鳌头，其在通信、社交和游戏领域的霸主地位难以撼动。其中一个重要原因就是马化腾在每年年会上必谈危机感。从2016年开始马化腾不谈危机感了，谈的是成绩，腾讯一小部分干部、员工开始滋生安逸心态，于是腾讯被字节跳动这种后起之秀抢走了一大块蛋糕。同样的事情也发生在阿里巴巴身上，试问京东、唯品会、拼多多哪一个不是因为阿里巴巴的“大公司病”和过于安逸而觅得机会，强势崛起的呢？

在苹果、亚马逊等互联网巨头身上，我们同样看到了这种“始终创业”的激情。乔布斯认为苹果是世界上最大的创业公司。这个细节值得反复品读。苹果开创并引领了智能手机时代，市值一度突破万亿美元，是世界上市值最高的几家公司之一，而在乔布斯的口中，苹果依然是个创业公司。贝佐斯则将亚马逊的总部大楼命名为“Day 1”（第一天），目的是让每个员工在进入大楼时就知道这是他的第一天，也是亚马逊的第一天。

我们将创业者身上那种始终创业、永远创业的原生力量称为“创业原力”：始终创业，保持初心，开放共享，应用“明天思维”把自身和团队变成“学习机器”，打破认知边界，跨越学习边界，持续提升团队的专业能力、转型能力和认知能力，营造团队自组织、重合作、爱分享的工作氛围，从而实现团队自驱力的破界增长。

始终创业的企业文化

时至今日，字节跳动无疑成为中国互联网市场中不可忽视的一极，这家估值近900亿美元的独角兽却让我们感觉像是一个18岁的小伙子，精力旺盛，状态甚好。尽管已经手握今日头条和抖音两大现象级产品，整个公司依然处于创业状态，在它身上几乎完全不存在“大公司病”。

每一家企业的背后，体现的都是创始人的基因。字节跳动之所以能够“始终创业”，和张一鸣本人的理念是无法分离的。张一鸣是个典型的连续创业者，2005年他从南开大学软件工程专业毕业后，组建了一个三人团队，开发一款面向企业的协同办公系统。然而，产品的市场定位失误，张一鸣第一次创业折戟，当时协同办公在中国根本没有机会发展起来。

2006年2月，张一鸣加入了旅游搜索网站酷讯。作为酷讯的第一个工程师，他全面负责酷讯的搜索研发，一年后成为技术高级经理，手下管理着 40 多人，最终担任技术委员会主席。在成为管理者后，技术出身的张一鸣很想学习大公司的管理方法，于是在 2008 年离开酷讯去了微软。

在酷讯工作时，有件事让张一鸣感受强烈。他曾想订一张回家的火车票，但那时去火车站买票对于职场人而言十分不便，网上也不知道何时才能碰上二手票。酷讯当时已有的搜索系统需要用户主动输入信息，实时查询二手票信息，着实有些麻烦。

于是，张一鸣在午饭时段，花了一个小时写出一个小程序，把自己的需求用程序固化、存储下来，让网站机器定时、自动帮他搜索，一旦有了搜索结果就短信通知他。在写完这个程序不到半个小时，张一鸣就收到了短信提示，然后买到了票。不用买黄牛票，也不用在电脑前一直待着，这个小程序对他日后的人生影响十分巨大。程序虽小却创造了有价值的事情，这才是张一鸣最享受的。

2009 年 10 月，张一鸣开始了第一次独立创业，创办了垂直房产搜索引擎九九房。在九九房，张一鸣开始涉足移动开发，六个月就推出掌上租房、掌上买房等五款移动应用，在当时的移动互联网环境下获得 150 万用户，成为房产类应用的第一名。

2011 年底，张一鸣辞去了九九房的 CEO 职位，后来的事情大家都知道了，字节跳动这家名字颇有几分趣味的公司在 2012 年成立，中国的移动互联网发展史上，又多了一家世人皆知的明星企业。

在创立字节跳动之初，由于资金所限，公司的办公条件颇为简陋，整个创始团队都挤在北京锦秋家园的一间公寓里，办公家具十分简单。即便如此，张一鸣依然不觉得创业艰辛，在他的印象中，当时的日子是快乐的，每天都是一个新的开始，充满了希望，因为是在创造有价值的事情。

这种乐此不疲的创业精神，直接决定了字节跳动现在的企业价值观："积极、坦诚、开放、极致、有判断力、始终创业。"整个公司始终保持着创业公司的做事风格——快速决策，快速执行。

在快手已经拥有三四千万 DAU 的时候，字节跳动决定将业务范围扩大到视频直播领域。在开发视频和今日头条最擅长的信息流推荐之间，存在着天然的技术间隔，团队中并没有人具备相关经验。这就相当于拿着寻宝图在北极寻找宝藏，即便知道路线，每一步前行仍需要不断破冰。

尽管如此，字节跳动的技术团队在各种资源的全面倾斜下，在一个半月内便开发出了火山直播，一经测试好评如潮，但个中艰辛却不言而喻。要知道，在其他公司光开战略会反复讨论，可能就需要小半年时间，更不用提开发出相对成熟的产品了。

天下武功，唯快不破。我们将其整合为字节跳动的“三次飞跃”。这“三次飞跃”中的前两次，都是在张一鸣“快速决策，快速执行”的快拳打法下发生的。当时字节跳动的各项资源还较为欠缺，没有能力进行后来屡试不爽的“大力出奇迹”玩法，张一鸣选择的路数是“薅大平台羊毛”。这种取巧的方式，也帮助字节跳动迅速占领了用户心智，没给竞争对手留下任何可乘之机。

字节跳动的“第一次飞跃”，发生在今日头条从100万日活跃用户向1 000万日活跃用户高速发展的阶段。有100万日活跃用户，说明市场对这款产品还是有一定接受度的，而不到1 000万，则说明产品的市场影响力还较为有限。为了迅速进行品牌传播，字节跳动充分利用了技术优势，通过搜索技术设置了超过100万关键字的SEO（目的是让自身的网址在搜索引擎中有更高的排名和权重），将百度的热点内容大面积爬取，利用人工智能技术进行重新筛选和整合，并通过算法将用户的增长漏斗模型极致优化，继而进行精准分发。

彼时的百度还沉浸在最大的竞争对手谷歌战略放弃中国市场的喜悦当中，当时在行业里流传着一句话，百度当时即使裁掉6 000人，业绩也照样翻番，可见当时百度的安逸心态是多么严重。百度有着搜索和内容上的巨大优势，完全看不上字节跳动的这种做法，当它终于意识到情况不妙时，今日头条的日活跃用户数量已经突破了 1 000 万大关，以极高的速度向 2 000 万迈进，成为市场中不可忽视的一股新兴力量。

> 字节跳动的“第一次飞跃”是通过“薅百度羊毛”实现的，彼时的百度犹如一只睡着了的牧羊犬，还在做着美梦，没想到今天不但羊毛少了，还多了一只虎视眈眈的饿狼在不断吃自己的羊肉。

“第二次飞跃”随后发生。今日头条在坐拥 1 000 多万日活跃用户，逼近 2 000 万日活跃用户之后，不可避免地与腾讯发生了碰撞。在如日中天的腾讯面前，字节跳动只是个体量极小的轻量级选手，如果正面较量，字节跳动必将毫无悬念地败北。当然，聪明的张一鸣肯定不会自寻死路，他又一次祭出了“薅羊毛”大法，而这一次他针对的对象，则是微信的 Deeplink 漏洞和 iOS 限制微信发布新版本。

字节跳动通过技术手段，让用户从微信上看到今日头条的内容，从而便捷地拉起今日头条的内容页面，以极低的成本获取用户，通过聪明的产品设计，甚至获得了部分微信社交关系。彼时的微信是个巨大的富矿，无数生态在此萌芽，微信团队每日需要处理的事务极其庞杂，尚无暇顾及字节跳动。等到回过神来，微信团队才发现此前的轻量级选手已经长满了肌肉，拥有了超过 6 000 万的日活跃用户。虽然其尚无法与接近 10 亿活跃用户的巨头微信竞争，但是已经对腾讯的媒体业务形成了极大的潜在威胁。腾讯做梦也想不到字节跳动后来发展的短视频业务将其推到了热锅之上炙烤，并迫使自己在2018年底进行了其历史上最大的组织转型：SNG、MIG、OMG三个事业群合并成一个PCG。拥有1万多名员工的巨无霸看似要和张一鸣领导的字节跳动进行互联网历史上一次最为精彩的“战争”！

字节跳动的“第二次飞跃”是通过“薅腾讯羊毛”实现的。彼时的腾讯几乎各条战线都大获成功，不但没有牧羊犬看着这群羊，还在忙着进一步扩大羊群。短短几年时间，尽管腾讯通过各种合理的竞争手段限制竞争对手的发展，无奈腾讯不少部门已经失去了创业的心态和热情，层级过多，领导过多，加之团队的专业能力不强，纵然腾讯有着这个行业最出色的人才积累，有着“拼命三郎”一样的勤奋，但是由于缺乏“创业原力”，组织能力始终与字节跳动存在差距。可以说字节跳动是腾讯发展历程中碰到的最强大的竞争对手。虽然当年微软、360都给腾讯带来了很大挑战，但是当时的腾讯还是一家创业公司，具有浓厚的创业文化，对手带来的麻烦都是短暂的。今天不同了，字节跳动的文化是“始终创业”，而腾讯自身还没有对“创业文化”给予足够的重视。

创业公司资源有限，用最小的成本换来最大的回报和最高速的发展便是创业公司的最优解，而“薅大平台羊毛”的玩法正是这种思路的具体体现。

当然，这种做法确实存在未知的风险，或许会留下日后与大平台交恶的隐患。但如果连当下的发展都不可得，更何谈日后？

字节跳动的“第三次飞跃”发生在另一款现象级产品抖音诞生初期。此时张一鸣已兵强马壮、粮草满仓，他彻底改变了自己的打法，不再“薅大平台羊毛”，而是开始了“大力出奇迹”的神奇演出。

当抖音的日活跃用户数量迈上 1 000 万大关之时，已证明短视频是一条行之有效的增长之路。有了最真实的用户数据做支撑，张一鸣赌上了一切资源，誓要一举突破对手的包围圈。

为此，字节跳动拿出了 20 多亿元资金在两个星期内集中投放，全都用于购买稀缺内容。与此同时，其主要竞争对手 BAT 并未看到如此巨大魄力的投入。这不得不令人对张一鸣的胆识肃然起敬。

然而，此时的微信已不再是当初的放任态度，对于这个快速崛起的竞争对手，微信采取了限制分享的方式进行打压。即便如此，字节跳动一方面与微信打“口水战”，另一方面依然不屈不挠地利用社交网络进行传播。

此役过后，大局已定，抖音的发展之路再无阻碍，一举奠定了短视频霸主的行业地位。

> 只要认准了市场，确定能为用户创造价值，那就迅速决策、不怕犯错，大力出奇迹。

这就是始终创业、奉行大力出奇迹的字节跳动，它永远比竞争对手先行一步。如果像其他企业那样，开战略会经各层级反复协商，机会和风口便会转瞬即逝。

关于字节跳动始终创业的企业文化，值得书写的事情有很多，我们大致总结为以下几点。

1. 弱化层级与头衔

当下正处于一个巨变的历史时期，外部环境每天都在发生着变化，这便要求字节跳动及时对外部环境做出响应。要想实现快速响应，平等的、畅所欲言的氛围便显得越发关键，在张一鸣看来，“敬语是形式化的东西，它会对人产生心理暗示”。

为了避免层级带来的形式感给基层节点造成不良影响，字节跳动在内部不断弱化层级意识，首先便是不允许称呼“老大”“某某总”“某某老师”等，这种称呼一旦形成惯例，便会压制很多新鲜想法，低层级的员工可能会更倾向于先听听

“老师”有何高见，而不是畅所欲言。

同时，在字节跳动内部，并不存在由头衔带来的日常可见的待遇区别。比如，什么样的人配备什么样的电脑，什么样的人配备什么样的办公桌等。包括张一鸣在内，字节跳动所有人的差旅补贴都是一样的。

还有一个细节很有意思。在腾讯、百度等公司，员工之间普遍喜欢以英文名相互称呼，而在阿里巴巴则流行各式各样的花名，以彰显不同。在字节跳动则没有那么多讲究，大多数员工都称呼本名，例如张一鸣。

2. 内部信息透明

字节跳动内部一贯鼓励员工之间、团队之间进行群聊，确保各部门充分沟通。

张一鸣十分反感某些人只和 CEO 沟通的做法，也不提倡一对一的沟通方式，他认为这种沟通方式的效率十分低下。如果有新加入的同事或者高管希望和张一鸣进行一对一的沟通，他经常会说“你可以将邮件抄送给我，但你首先要发给其他人，发给需要和你配合的人”。

字节跳动现在的办公室采取的是类似联排网吧的工位设置，每一个普通员工都有与资深产品经理肩并肩互动的机会。

> 字节跳动管理层的 OKR 会对下属保持公开，以便让大家知道管理者正在做的事情以及做此事的原因，同时也能大致掌握其他部门同事的动态。OKR 的制定过程，并不是自上而下的分解，而是同事之间彼此对齐，了解目前公司最重要的任务是什么。

另外，字节跳动还会经常举办大型的 CEO 面对面活动，由张一鸣公开回答员工提问，让大家能够随时了解公司的发展情况，以及某一项目的具体进展。

人员任用：大公司弃将 + 小公司 CEO

在互联网上流传着一份名为“凛冬已至，欢迎来字节跳动加班取暖”的内部推荐书，内容很简单，与大家分享：

> 字节跳动任何部门（头条、抖音、火山、西瓜、懂车帝……），任何岗位（研发、产品、运营……）均可内推！简历直接扔给对应团队 HR，迅速反馈！
>
> 要求：不再赘述，不卡年限，以能定级！
>
> 福利：没啥可说的，薪资大家都懂！
>
> 加班：是的，我们大小周加班严重，但薪资也绝对对得起你的付出！加入我们一起创造一款最棒的产品吧！

字里行间，折射的都是字节跳动员工满满的创业原力。如同乔布斯脍炙人口的那句“活着就是为了改变世界”。在字节跳动工作，很像是在恋爱的男女，一起为梦想奋斗，有时可能会吵架互相怨怼，但是每天都有新鲜感，生活有奔头。

这份内部推荐信与张一鸣本人的招聘价值观高度一致，他曾在公开场合对公司过去的招聘环节表示不满：“有一天，我看到咱们HR写的招聘信息特别生气。有一条写着：有五年以上互联网产品经验，具有日活跃用户千万量级以上的产品规划和产品迭代实施经验。我跟这个HR说，按照这个要求，陈林、张楠，我们公司一大批产品经理，一个都进不来，连我自己都进不来。别说千万DAU产品了，在他们加入前，我连百万，甚至十万DAU的产品也没做过。”

很多员工在加入字节跳动时，并没有光鲜的背景或者很好的履历，字节跳动的产品经理，既有来自设计和运营部门的，也有代码写不好的工程师转岗的。或许有些互联网公司更倾向于招那些履历光鲜的大咖级产品经理人，但字节跳动更爱朴素的“小鲜肉”，绝大多数员工都很年轻，就连产品负责人也大多是“85后”和“90后”。2018年时，字节跳动通过大型的校招活动，共招进了3 000余名怀抱梦想的大学毕业生。

> 张一鸣的用人逻辑是：优秀的年轻人或许会犯错，但年轻人不会甘于平庸，最重要的是进步的空间很大。他一贯秉承的观念是：找到最合适的人一同创造有价值的事情，要关注人的基本面，充分发挥他的最大优势，而非去培养和改造。

让一个已经形成固定思维模式和工作方式的人去改变，实在是件极为困难的事情。相较之下，毕业院校、相关工作经历、曾任职衔等，都显得不那么重要，张一鸣甚至还有一个广为人知的偏好：喜欢选择那些创业失败的公司创始人。

抖音总裁女张楠此前曾作为创始员工先后在盛大的全资子公司数位红和千尺无限工作，后来在腾讯负责产品研发，离职后又创办了图乐互动公司，不久后创业失败，被张一鸣招入麾下。

今日头条的CEO陈林，2008年在北京大学取得了计算机硕士学位，曾在腾讯研究院从事测试开发工作，后离职创办了Global（漂流瓶），但没多久便宣告创业失败。2012年3月，陈林作为早期核心员工加入字节跳动，先后担任多款核心产品的产品经理。2018年11月至2019年，陈林出任今日头条CEO。

西瓜视频总裁男张楠曾在创新工场旗下的豌豆荚公司担

任BD（用户增长）工程师。豌豆荚曾经历非常快速的增长阶段，但随着360、腾讯等大品牌逐个进入，产品层面被追赶的速度也越来越快，如何系统地运用品牌优势帮助产品建立更长期的竞争壁垒，获得更大规模的用户，是当时急需解决的问题。当时男张楠拥有几亿现金的预算用来做用户增长，他对豌豆荚的增长体系进行了一系列革新，帮助豌豆荚在更大范围的用户群体里，完成了知名度和美誉度的树立。现在看来，男张楠的做法和张一鸣口中的“大力出奇迹”颇有几分异曲同工之妙。

张一鸣任用顶级人才的一大偏好——“大公司弃将+小公司CEO”。在这些人身上有着明显的共性：打过硬仗，交过学费（创业失败或不顺利），上过“黄埔军校”（腾讯、盛大、豌豆荚等）；最后一点十分重要，那就是都有过当CEO的经验，能够独当一面。

这或许也是字节跳动旗下屡出爆款产品的一大原因，如果没有这么一大批带过队伍，有理论基础，还能打硬仗的高级将领，张一鸣的步子可能也无法迈得如此顺畅。

第八章
数据驱动：企业未来最大的资产是数据

在互联网的世界里，我们触碰所产生的每一个痕迹，都会成为其他人了解我们的数据。而这些数据经过整合，就会成为我们行为的精准重述。在这个用户至上的时代，掌握了用户数据，就等于获得了取胜的钥匙，这是企业在未来最大的资产。

数据化精准决策拯救传统餐饮业

企业的决策方式，从过去到现在主要有三种：第一种是管理者凭借自己的经验进行决策；第二种是在决策前进行相关的调研，然后根据前期调研的结果进行决策；第三种是在数据分析的支持下进行决策。

虽然是渐进式的发展，但其实在当前的商业环境中，因为不同企业的发展阶段不同，这三种决策方式依然是共同存在的。在一些中小型企业中，经验决策与调研决策依然是主流方式。一方面是自身发展层次的限制，另一方面则是出于成本控制的考量。但在决策成本降低的同时，失误甚至失败的风险也随之增加。

随着时间、空间的变化，个人经验的有效性会逐渐降低。调研虽然可以了解当下行业的具体状况，但为了节约时间和成本，企业在某一领域中，只会选择几个有代表性的样本进行调研以及数据分析，从数量上来说不能兼顾所有影响决策的因素，从质量上来说无法深入各个不同领域的细节。所以从精准决策的角度来考虑，利用数据分析进行决策是最稳妥的方法。

相比经验和调研，数据能够从更全面的角度反映企业决策可能涉及的各个方面的具体情况，而且其准确性与即时性也不是其他两种决策方式可以比拟的。所以，企业在进行决策的时候，要依靠数据，而不是直接的经验和简单的调研。

在影响企业决策的诸多因素中，用户特性的影响最为深刻。而用户个人的特性我们凭借经验很难分辨，实地调研也不一定能得到准确的答案。因为有的时候，用户并不是最了解自己的人，比如受到感性因素的影响，或者出于自我认知的偏差，甚至因为外界环境的限制，都有可能造成用户真实需求的非受迫性隐藏。但数据显然没有这方面的缺陷，作为算法程序对用户特性的统计与输出，量化的数据生来就具备强大的真实性与有效性，通过数据分析，企业可以洞察用户的显性需求以及隐性需求。所以对于企业来说，尤其是平台类企业，我们要相信数据而不是用户，重大决策的制定一定要建立在用户数据分析的基础上。

以快餐连锁企业为例，很多餐饮品牌已经在市场上站稳脚跟，并形成了一定的影响力。肯德基、麦当劳等连锁品牌更是快餐业的消费热点，而它们之所以能够在竞争激烈的餐饮市场中分得一杯羹，是因为其高效的、标准化的复制能力。作为世界500强的它们有没有潜在的颠覆者呢？我们认为颠覆者会出现在通过“数据驱动”经营管理公司的新物种中。

虽然早在2013年就有人提出科技餐厅和无人餐厅，并且有了第一个吃螃蟹的先驱者，随后大多数餐厅都增加了“扫码点餐”这个必备功能，但是有的餐饮企业只是把这一功能当作补充。在这种情况下，企业依然没有获得用户数据。相比之下有的餐饮企业把这一入口当作命脉，当用户扫码点餐后，就将用户所有的行为数据、消费数据记录到后台，通过对这些数据的分析，指导企业对日常经营做出科学决策，同时也给用户完全不同的体验。我们通过调研，有了如下令人意想不到的发现。

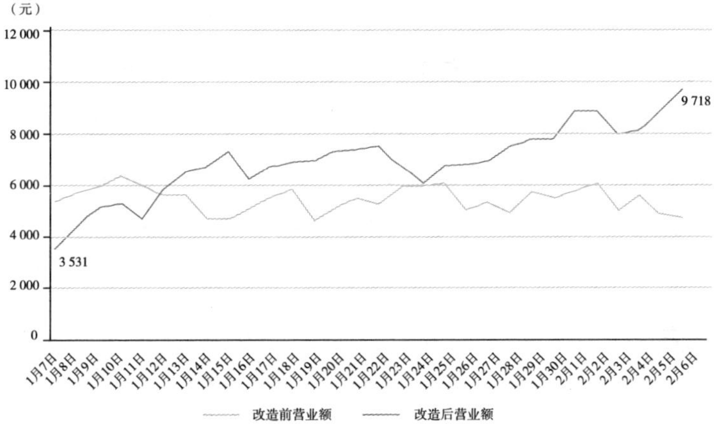

图8-1 连锁餐饮企业数字化改造前后的收入对比

图 8-1 是一家拥有超过 100 家加盟店的米粉连锁餐饮企业。经过近十年的经营，这家企业的发展遇到了瓶颈，我们选取其中两家店进行了“数字化”改造，注意这不是简单地上一套 SaaS（软件即服务）系统，让用户扫码点餐，而是从餐馆的运营流程上发起根本性的改造，从获取用户，到用户进店，从用户扫码到一份热腾腾的饭菜摆在用户的餐桌上，每一个环节都结合数字化工具重新定义餐馆的运营模式。我们以其中一家店为例。这个店从有四五个大堂服务员到最终只有一个服务员，几乎实现了“无人餐厅”的体验。用户扫码点餐，自助取餐，参考大屏幕上其他用户的选择，来进行自身选择。用户关注了微信公众号以后还可以线上点餐，在线上商城还产生了 20%~30% 的额外零售收入。最终结果就是在改造后的短短 30 天内，该店的收入从 3 531 元提升到了

9 718 元，实现了 175% 的增长。在后续的时间内，这家店的收入持续上涨最终稳定在 1.2 万元左右。相对于历史平均日收入 5 468 元（过去 1 个月的日均收入），日均收入也实现了 120% 左右的增长。虽然这个试验没有进一步扩大规模，但是我们可以看到，数字化餐饮、数据驱动决策的巨大潜力！

随着大数据技术的进步，在如今的市场上，已经出现了很多专业的数据统计与分析企业。甚至很多平台会定期发布一些公开的行业大数据信息，总体来说数据整合的成本已经逐渐降低，即使是中小型企业也可以负担得起。这一方面可以降低开展线下市场调研的人力、物力和时间成本，提高选址的效率；另一方面大数据的全面性、系统性、精准性等优势，可以避免传统数据收集存在的样本量不足、时间滞后和准确度低等问题，更有利于餐饮企业做出精准、科学的市场定位。

数据并不只是一些简单的数字和记录，其实质是云计算技术发展、企业数字化管理转型两个红利赋予企业的新的用户观测工具。对这些数字和记录进行智能分析，我们甚至可以比用户自己更了解他们，在这个竞争对手不断增加，消费者需求持续提升、日渐挑剔的时代，大数据已经成为我们加深对用户了解的第三只眼睛。

通过数据进行竞价和经营优化

现在，随着整体经济水平的提升，企业数量快速增加，虽然消费升级的趋势已经显现，但在工业化和科技进步带来的跃迁式发展的生产力对比下，供需关系依然处于明确的买方市场。在这样的环境下，竞争自然成为企业发展的必经之路。

拼多多作为电商行业的后起之秀，在短短三年时间里，已经赶超了许多其他成熟的平台。而拼多多的崛起也吸引了大量商家的入驻，随着店铺数量的增加，竞争也随之产生。

一般情况下，拼多多平台上同类型店铺的数量往往会达到一个较高的数值，而且在价位相差无几的前提下，不同店铺提供的产品在品质上基本也处于同一个层次。所以，要想在这样的竞争中获得胜利，企业就要从价格和服务上下手。在这个过程中，很多优秀的店铺不约而同地想到了借助大数据的力量，进行竞价和经营优化。

1. 竞品竞价模式的大数据策划

使用过拼多多的人大致都会有这样的体验，店铺提供的产品价格会精确到小数点后两位，而且经常会进行价格调整，不过调整的幅度也基本会保持在小数点之后，但即使是这样微不足道的价格差异，人们依然愿意选择价格相对较低的店铺进行消费。在这个过程中，人们追求的不是物质上的节俭，而是一种心理上的满足感。

所以这就要求店铺的竞价机制可以根据竞争店铺的价格浮动来进行调整，针对竞品竞价模式进行反策划，针对自身竞价模式进行持续优化。在这个过程中，大数据会作为策划和优化的依据，发挥重要的作用。

拼多多的店铺，经常会利用百度统计、量子统计等流量统计工具，对店铺的进店转化率和下单转化率等数据进行收集和整理，并从中发现在哪个价格区间内，能够获得最大限度的曝光和消费。

当然，这只是最基础的数据应用，一些高水平的店铺也会额外关注主要竞争对手的价格变化。作为同类型店铺，类似的价格调整对店铺的经营影响效果基本是一致的，而对手得到的消费者注意力越多，对自己店铺的分流作用就越明显。在具体的操作中，店铺一般会准备两个表格：一个用来做自有数据统计，记录的是自家店铺内价格调整对流量的影响；而另一个就是竞争对手的数据统计，用来实时记录主要竞争对手的价格变化。综合这两个表格，店铺会在获取流量最多的价格区间内，选择略低于竞争对手的价格，这样就能保证最大限度地获客。

店铺的竞价区间也不是一成不变的，很多店铺会使用大数据进行竞价数据分析，这主要是因为数据的明确性可以直观、迅速地对价格影响力的变化做出反应，而店铺也能更加及时地进行持续的竞价机制优化。

2. 数据分析能力提升运营效率和商业化规模

拼多多与其他电商平台在商家方面的差异，主要在于经营者的能力水平上。众所周知，拼多多主打低价与下沉市场的发展战略，吸引了很多产品生产者加入平台。但在去除中间商，满足降低价格需求的同时，这些从事生产工作的人员在店铺运营和商业化上，却存在明显的短板，物流速度慢、产品包装敷衍、客服效率差等问题是拼多多店铺经常为人所诟病的。成本控制只是表面的原因，用集市小摊的方式经营网店才是根源。

在拼多多上也不乏价格低廉，但服务质量一流的高品质店铺，这类商家无论是在老客留存，还是复购提升上，都远胜普通店铺。它们从激烈的竞争中取胜的关键，就是数据分析的能力。

这类店铺往往对日常的经营数据非常重视，它们会持续记录消费者的购买记录、客服问答过程、顾客评价等数据。从这些数据中，商家可以分析出消费者偏爱的产品类型、询问客服的主要问题，以及在评价中体现出的对店铺的其他诉求。通过分析结果，店铺会将消费者偏爱的产品类型放在店铺的显眼位置进行展出，提高顾客消费选择的速度。同时，也会在客服层面设置问题的自动回复，对一些常见问题进行即时、快速地回应，进一步加快消费行为的速率。而根据顾客的诉求解决各种细节问题，可以有效避免退换货造成的时间和成本浪费。三管齐下，运营效率自然提升。

除此之外，商家在与物流服务商以及包装供应商的持续合作中，不断记录客户反馈的数据，然后从数据中分析出不同供应商的优势和劣势，最后在实际应用中，根据顾客的需求进行合理的选择和搭配，同样也可以实现满足顾客需求的目的，提升运营的效率。

利用直观的数据对店铺的运营进行指导，其实相当于把一个复杂的问题简单化了，原本经营需要的专业知识和技能，直接转化成了对经营数据的简单记录，以及从数据中寻找规律的工作。所以，即便是没有商业经营经验的普通人，也能快速上手，加速店铺商业化的速度，并在持续准确的规划中，扩大店铺的商业化规模。

3. 用快速的发布节奏来验证设计的有效性

互联网技术促进了信息的高速传播，但同样也加速了消费热点的热度流失。网络购物平台上的优秀店铺都有一个共同点，那就是产品的更新换代速度极快，总是能够追赶消费的潮流，不断吸引顾客进行消费。

拼多多上的商家在进行产品更新迭代的过程中，自然也少不了大数据技术的应用，常用的方式是前面章节中已经介绍过的 AB 测试法。一般情况下，店铺会根据当下时令的变化，或者市场上消费热点的变化，对店铺内的产品类型进行调整。通常在保持原有受欢迎产品类型的同时，会增加部分未来可能热销的产品类型，然后根据一段时间的店铺消费数据，分析 AB 测试的结果，留住热点产品，淘汰销量滞后的产品，然后进行新一轮的对比测试。

店铺用大数据指导产品迭代，关键不在于挑选的新型产品是否符合未来的消费潮流，而在于用快速的发布节奏来验证设计的有效性。未来代表着未知，即便是在大数据的支持下，分析出来的趋势也只是一种可能性，只有不断尝试，店铺才能不断接近正确的选项。

为了提升店铺的测试节奏，商家会采用小批量、高频率的换代方式，也就是说在产品更新的过程中，店铺会以较小的批量采购新型产品，然后快速投放到店铺当中，经过一段时间（通常为一周）的对比测试，高效判断产品的适用性。如果行情看涨，店铺会提高采购量；如果销量始终不见起色，店铺也会果断用其他新的产品进行替换，然后进行再一次的测试。

大数据可以辅助企业实现高效的竞品竞价，提升运营效率和商业化规模，保证产品更新迭代的速度和准确性，对于企业在竞争中取胜，有着不可替代的重要作用。

建立数据团队，获取数据红利，映客独占鳌头

DT（数据处理技术）时代的到来已是一个不争的事实，数据成为具备价值的资源。从微观来看，越来越多的人和企业认识到信息保密的重要性，即便只是一个简单的联系方式，都有可能带来无穷的后患。不断的广告骚扰和商业推销，利用爬虫软件在网络上收集用户数据用于营利的灰色企业越来越多，也能从侧面说明问题。

从宏观层面来看，近年来，政府对于大数据技术的落地实施始终保持着密切的关注，北京、上海、天津、广东、重庆、贵州等省、市政府纷纷出台大数据战略，贵州、广东、河南、吉林等省份都在地方机构改革中设置了“大数据局”，对地方的数据资源、数据技术应用进行整合与管理。在某种程度上，国家已经认识到数据红利时代的到来。

作为当代的企业，掌握红利就等同于获取了未来很长一段时间里发展的主动权，这就是所谓“风口上的猪”，只要在恰当的时机，得到了合适的助力，即便企业有着各种天然的劣势，未来的发展依旧一片光明。而这种助力显然就是数据红利。

2015 年 5 月，映客 App 在各大应用商店正式上线，在这个“娱乐至上”的时代，主打娱乐、时尚、生动、实时互动服务的映客迅速受到了年轻人的青睐，仅仅用了一年时间，

就成功登上了腾讯应用宝 App 5 月榜。2016 年 11 月，映客又在“2016 中国文娱创新企业榜 TOP30”榜上有名。映客的崛起之快，发展之迅猛，一时间风头无两。

但市场上从来都不缺乏短暂辉煌过后，迅速陨落的虎头蛇尾型企业，映客也深知在快速增长下，存在着影响可持续发展的隐患，那就是用户的新鲜感。这其实是很多娱乐功能性应用的通病，最初因为新鲜好玩，大量用户趋之若骛，但时间会冲淡新鲜感，在一段时间的使用后，用户熟悉了平台上的各种套路，体验就会回落，之后即使用户不选择离开，使用频率也会大大下降。为了避免这种情况的出现，映客一开始就开发了多种体验功能，延长了用户新鲜感的存续时间。之后映客又持续推出了秒开、实时美颜及直播对战等多个创新使用模式，为用户接连不断创造新的使用场景，进一步强化了平台的可玩性，成功实现了用户留存。也正是因为如此，映客才可以在成立仅仅三年之后，就成功在港交所上市，甚至成为港股的娱乐直播第一股。

映客能够取得今日的成绩，与创业初期就建立了自己的数据团队，有着不可分割的关系。正是因为数据团队的存在，映客才可以利用数据决策流量分配，实现对主播的有效引导；根据用户增长漏斗决定合作买量，制定合理的拉新策略。

1. 根据数据决策流量分配

抖音、快手这类平台通常都是根据内容质量分配流量，所以从某种程度上来说，这些平台对 MCN 机构更加有利。映客与此不同，从一开始其主打的就是全民直播、素人直播。但在广泛性提升的同时，内容的管理也在经受考验。

从平台的用户结构来看，观看直播的用户占了绝大部分，而内容的优质程度直接关系到这部分用户的去留，换句话说，这些用户偏好的内容其实就是所谓的优质内容。映客的数据团队很早就注意到了这一点，从平台运营之后，数据团队就开始持续收集和整合用户在平台上产生的数据，主要统计的就是用户观看直播类型的偏好。

然后，映客会根据数据分析的结果，对平台上的流量进行分配，相对受欢迎的直播类型会得到更多的曝光量。流量的倾斜自然会带来主播直播类型的自主调整，而优质内容的增加会为平台带来更多的用户。至此，就形成了一个波动上升的良性循环。

当然，这种数据统计和分析也是持续进行的，因为不同时期会有不同的热点内容。平台会使用 AB 测试的方式，不断验证设计的有效性，并通过快节奏的发布确保流量焦点始终停留在优质内容上。

2. 根据用户增长漏斗决定合作买量

所谓用户增长漏斗模型，又称海盗模型，最初由美国著名风险投资机构的创始人戴夫·麦克卢尔提出，由 Acquisition（拉新）、Activation（促活）、Retention（留存）、Revenue（创收）、Refer（分享）五个层面共同构成，涵盖了企业经营的整个过程。

从用户增长漏斗模型来看，映客这种直播平台的经营效果主要与拉新的数量有关，因为根据数据决策流量分配的政策，已经能够保证优质内容的持续创作，也就是说用户的促活和留存已经具备良好的条件。所以用户数量越多，促活和留存的效果越明显，创造的收益越多，分享的概率越高。

买量原本是股票和期货市场上的一个专业术语，表示对股票和期货的主动购买量，即当前对某一股票和期货品种的未成交需求量。但是近几年随着流量一词的火爆，以及众多以提供流量创造收益的企业的出现，买量也具备了另外一种含义，就是购买流量。买量是现阶段开始兴起的一种新的营销方式，企业可以通过购买流量的方式，为进军陌生市场创造条件，对于扩大市场占有量，提升经营水平有着强力的推动作用。

作为一个以流量为发展基础的直播平台，映客的买量操作已经达到了一个极高的水平。数据团队会持续对映客 App

在各大应用商店或者其他合作平台上的曝光率，以及下载量进行数据统计。当流量后继无力的时候，数据团队就会从合作企业手中购买流量，来补充拉新的数量。而用户数量的不断提高，也会提升映客在各大应用平台上的排名，从而形成更大的品牌影响力，促进更多用户下载和使用。

至于合作买量的方式，映客的选择也非常多元化，比如应用商店的同类型软件搜索置顶推荐、在其他平台投放的推荐下载，还有各种各样的视频和社交广告等。在实际选择之前，映客的数据团队会根据以往不同来源用户的促活、留存、创收和分享数据，确定不同来源用户的整体质量水平，并根据数据分析的结果，确立理想的新用户来源构成比例。在后续的买量工作中，映客会以这个比例作为参考，对不同的买量方式进行合理搭配。

数据团队的存在，帮助映客解决了很多直播平台迄今为止都没能做到的，完善内容的层次管理和用户增长两个课题，在数据红利的推动下，映客成功找到了自己精准的发展路线，以更快的速度从众多同类型企业中脱颖而出。

虽然买量能够为企业的经营创造更好的条件，但买量的效果始终是企业的一个痛点，很多企业在买量与不买量之间徘徊，主要就是因为不确定买量的效果，尤其是大量作弊流量的存在，更让很多企业畏首畏尾，不敢轻易尝试，毕竟买量的成本不低，一旦失败会对企业的后续经营造成严重影响。

当然，这对于建立了数据团队的企业来说同样也不是问题，因为数据团队会根据市面上的流量供应商进行综合的数据统计和考量，从而确定合适的合作人选，这也是除了抢夺数据红利，建立数据团队能够提供的助力之一。

第九章
组织觉醒：执行力暴增的武器

企业的运转离不开组织内部的协调一致。但正如世界上没有两片完全相同的叶子一样，人与人之间待人接物的方式总有差异，要想让一个个齿轮严丝合缝地咬合在一起，企业需要用制度唤醒组织的执行力。

打破边界的组织架构

面对瞬息万变的市场形势以及日趋激烈的外部竞争，企业的经营对组织内部反应速度的要求已经达到了一个极高的水平，毕竟当一个新的消费热点、一种新的商业模式出现的时候，企业投其所好的速度越快，就能越早地进入红利期，获取更多的收益。

企业组织内部的反应速度，取决于管理者的管理能力和信息传达的效率。一般情况下，管理者发布的信息会按照企业的层级结构，从管理层到基层，一步步向下传递。这就意味着，企业的组织架构越简单，信息传递的环节越少，相应地速度就会越快，这也是现在很多企业一直追求组织扁平化的主要原因。扁平化说来容易，实现起来却难度重重，很少有企业能真正做到。尽管互联网巨头们在过去两年都在进行大规模的组织架构调整，但是如果组织不够扁平化，在如此残酷的竞争格局当中也很难将团队的执行力发挥到极致。

从目前来看，很多优秀企业已经在组织破界化的道路上迈出了坚实的一步，映客、拼多多等行业翘楚都已经享受到扁平化带来的企业整体效率提升。

映客在最初创立的时候，采用的就是极简的组织架构，创业时的管理团队甚至只由三个创始人组成。在后续的发展中，映客依然把这种传统延续了下来，即便在用户规模过亿，各部门的人员数量都呈现出不同程度的增长时，企业内部沿用的依然是创业初期所设立的扁平化的三层架构：管理者、部门负责人、基层员工。在映客，所有类型的工作岗位都按这三个层级划分。

这种极简的组织架构，为映客带来了极速的商业决策。首先，作为最接近用户的人群，基层的工作人员在收到或感知到用户的需求变化时，能够快速、直接地与管理者达成联系。这样，管理者与用户之间，等同于建立了一个高速直达的绿色通道，用户的需求可以快速地被管理者获知，相应地，提出应对方案的速度也会随之加快。

其次，在映客扁平化的组织架构中，信息的传达只需要经过部门负责人这一次中转，就可以成功到达基层，省去了很多中间传递的时间，进一步提高了决策实施的效率。与此同时，信息传导过程的简化也避免了在决策信息传递过程中，出现各级管理人员解读偏差，错误指导团队的情况。

最后，部门和部门之间并没有严格的界限。公司文化倡导“争抢灰色地带”，人人都是产品经理。公司 CTO（首席技术官）在某个阶段会负责产品导向性的创新业务，当一些工作没有非常明确的归属或者极为重要的时候，管委会就会成立一个项目组，这个项目组是跨越各个部门界限的业务单元，其目的是协调各个部门的资源来达成一个业务目标。

组织破界化，为管理者与基层员工的直接交流创造了良好的条件。映客这款产品的开发，从最初设计到最终成形，企业的管理者始终参与其中。尤其是在开发阶段，为了打造理想的软件应用，在应用中添加哪些功能，直播应该怎样呈现等细节问题上，管理者都会与负责具体工作的一线设计人员进行直接沟通，告知自己的想法，倾听员工的意见，并最终做出一个合理的安排。

同样作为上市公司的拼多多，采用的也是类似的“CEO—中层—基层”三级组织架构，但因为两者所处行业的差异，企业的经营模式也大相径庭，所以在组织破界化的形态上也有所区别。作为技术输出的服务平台，映客拥有成熟的算法推荐与审核机制，对员工数量的需求并不高。所以，管理者和基层可以形成高效的垂直互动，换句话说，映客是通过拉近管理层与基层之间的距离实现了组织破界化的。

拼多多的破界化是通过省略中间架构的方式来实现的。作为电商平台，为了更好地服务千人千面的商家与用户，同时也为了开拓市场，吸引更多的店铺入驻，企业需要大量的员工进行销售和客服工作。从当前来看，拼多多的员工总数已经超过了 2 000 人，但在这 2 000 人中只有 30 个左右的业务负责人，也就是中层管理人员，其余的都是负责基层工作的一线人员，也就是说一个中层管理人员要负责领导 50~60 个基层工作人员。按照常规来说，在相对较大的员工基数下，企业应该进一步进行拆分，但拼多多并没有这样做，依然坚持三层架构，虽然增加了中层管理人员的工作强度和难度，但省略了中层以下的部门、团队两层架构，实现了高效的信息传递与决策。

相对于映客与拼多多从组织结构层级上入手直接进行破界化处理的方式，字节跳动采取的更像是一种“曲线救国”的方法。没有过多地减少企业组织架构中的层级，但在保留四级架构的同时，通过弱化管理层级和职务，建立了一个极为敏捷的内部组织。俗话说，“县官不如现管”，弱化管理层级和职务，等同于打通了部门之间、层级之间的隔阂，在整个企业内部营造了自由交流的环境，同时也促进了各部门之间的协同合作，企业的商业与管理决策效率也随之提升。字节跳动曾经进行过粗略的统计，相对于主要竞争对手，字节跳动在决策上耗费的时间，只有对手的10%~50%。

上面这些扁平化的组织架构打破了我们熟悉的多层级组织架构的界限，企业中更多的业务是通过FT（Feature Team，最小业务单元）来驱动和完成的。这种破界的组织架构让目标更聚焦，决策更高效，责权利更明确，给了团队极大的自由度和灵活度来发挥他们最大的价值。

现在有很多企业，为了追求品牌的知名度和集群效应，过分强调规模化发展，从而导致企业内部组织架构冗杂，决策效率低下，人员冗余，团队活力下降，工资支出增加，人力成本虚耗等问题屡见不鲜。组织中各个角色按部就班，部门边界严重，唯KPI是从，决策过程冗长。破界化对于这种类型的企业来说，可谓是提升管理水平、唤醒组织内部活力的一剂良药。

简化企业内部组织架构，实现破界化，意味着管理者要承担更多不同类型的工作，甚至要深入基层。所以管理者要时刻保持个人的进步，不断提高自身的管理水平和工作能力，在必要的情况下，还可以聘请外部的专业人才作为自己的副手来辅助自己。这种扁平化组织架构的建设和实施，在某些企业里也会遇到个别高管的阻力，归根结底，是由于高管没有持续提升自身的认知能力、专业能力和转型能力，对自身的工作、未来的挑战不自信，甚至是因为个别高管已经习惯安逸的工作环境和状态。可见，组织扁平化一方面有助于提升组织的执行力，另一方面可以让企业“生于忧患”，而不是“死于安乐”。

当然，在选择如何进行扁平化操作时，企业也要根据自身的经营特点进行筛选。对于体量较小、员工数量不多的企业，可以借鉴映客拉近管理层与基层距离的方法；员工基数较大的企业，可以以拼多多为标杆，简化组织内部架构；而组织架构基本成形，调整难度较高的企业可以学习字节跳动的“曲线救国”策略。

Supercell和Valve反常规的自组织管理

自组织理论是20世纪60年代末期开始建立并发展起来的一种系统理论，主要研究组织从混沌无序的初级形态向稳定有序的中级形态逐渐演化的过程和规律，是关于在没有外部指令条件下，组织内部各子组织之间能自行按照某种规则形成一定的结构或功能的自组织现象的一种理论。

企业作为组织的一种特定形态，追求内部的高效与活力，是自然进步的规律，也是市场经济发展的必然需求。所以近几年来，自组织理论受到很多不同行业企业的关注，其中有一部分已经在尝试引入自组织管理来提升企业内部的运行效率。团队自组织是“破界增长”的一个重要实践。

简单来说，自组织管理就是让组织内部的员工自己管理自己，所谓最高境界的管理就是无为而治。实现自组织管理，不仅可以提升企业内部的工作效率，还可以增强组织的自适应性，因为员工的自我管理等同于将他们放置在一个开放的环境中，任凭他们野蛮生长。这样一来，员工在生存压力以及主人翁精神的驱动下，自然会具备更强的活力，能够适应多变的外部环境，甚至可以从开放的环境中吸引先进的经验作为企业发展的养料。归根结底，企业的自组织管理，与激发员工的工作积极性有着直接、紧密的联系。所以，对于企业来说，想要提升自组织管理的水平，就要想方设法利用各种途径，提高员工的主观能动性。总的来说，企业要重视员工，强调自由创造，而不是把他们放在被管理者的角色上。

Supercell 是芬兰的一家游戏创作公司，成立于 2010 年，已经开发并运营了《部落冲突》《卡通农场》《海岛奇兵》《皇室战争》《荒野乱斗》等全球热门游戏。

Supercell 曾经被福布斯称为“历史上增长速度最快的游戏公司”，曾经每天大约盈利 250 万美元。2016 年腾讯以 84 亿美元收购了 Supercell 84.3% 的股份。仅在 2016 年，Supercell 游戏内购就产生了 23 亿美元的收入。更令人惊讶的是，Supercell 在 2014 年的人均盈利就已经是高盛的 10 倍。

这背后隐藏着 Supercell 在自组织管理方面的智慧。

Supercell 从创立之初就一直坚信最好的员工才能创造最好的游戏，所以在员工招聘的过程中，Supercell 几近严苛，但成功进入公司的员工，企业也会格外重视。Supercell 的内部管理方式与足球或者篮球联赛的俱乐部管理制度有些相似，Supercell 的 CEO 埃卡·潘纳宁认为，“真正的明星是球员本身，而不是管理层或者教练组”。所以 Supercell 的组织架构是自下而上，而不是自上而下的，开发团队在工作上有绝对的自主性和决定权，管理者只负责为他们创造良好的工作环境和开发条件。

Supercell 在管理上采取了非常激进的架构：小型开发人员团队具有高度的自主权，并自行制定关键的战略、创意和生产决策，而管理层则负责业务的运营方面，例如人力资源、营销和金融。潘纳宁曾经说过：“Supercell 是由一系列独立的小团队组成的，这些小团队有自己独立的目标，完全有自主权，负责内部的组织结构、工作分配、侧重点安排，当然他们对于最终的产品结果也是要负责的。公司管理层并不对各个团队有过多干涉。我们不跟踪员工，我们在工作时间方面很灵活。我们只有一条规则，做最适合团队和游戏的事情。我们相信他们能够做到。”

Supercell 一直坚信，想要开展一项成功的业务，管理者只需要做到两件事：第一件，汇集最好的团队；第二件，为他们创造最佳的环境。而这也正是 Supercell 企业内部自组织管理成功的秘诀。

自组织管理虽然是让员工自己管理自己，但并不意味着在整个过程中，管理者可以袖手旁观。尤其在员工自组织行为出现偏差的时候，管理者要及时做出调整，止损的同时也要纠正发展的方向。

Valve是美国的一家电子游戏开发公司，大众所熟知的《反恐精英》《求生之路》《DOTA2》等游戏，以及广为人知的Steam游戏平台皆是出自该公司之手。在业界，Valve的名气甚至比Supercell还要响亮，其在团队自组织方面有非常值得称道的地方，Valve评价自己是一家没有“管理”的公司。

Valve对于员工的自主性异常重视。所有员工在进入公司的时候，都会拿到一本员工手册，上面详细记录了公司的规章制度，以及员工在入职之后应该怎样进行工作。而在手册的第一页写着这样一句话：“创造这个神奇的地方，离不开你们的帮助。”从这句话中就不难看出Valve对于员工的重视。而在员工手册后面的内容中，又强调了员工的极致自主性：“我们有创始人，有总裁，但哪怕是他也不能成为你的经理。这个公司的方向由你来把控——向着目标前进并规避风险，你有给项目开绿灯的权力，你也有发售产品的权力。”换句话说，在产品开发方面，员工有着绝对的自主性与决定权，这一点与 Supercell 不谋而合。

除了给予开发团队 100% 的授权，Valve 还强调管理者要做好服务，认为辅导和帮助缺一不可。虽然 Valve 采用的是临时团队的组织形式（员工自主选择合适的项目，然后在企业内部自主招募成员形成小型临时团队），但通常也会在团队当中设置“协调人”角色。这个人并非传统意义上的管理者，他不会直接干预其他团队成员的创作过程，但是他会记住关于这个项目的一切资源和信息。这样，团队成员在遇到问题的时候，就可以从“协调人”那里获取准确的答案和有效的支持。同时，在团队内部阶段性总结的时候，“协调人”的存在，也可以从整体角度对不同成员负责的各个环节进行审视，帮助团队解决一些整体性的问题，为团队提供方向性的指引。

Valve 对于员工的支持不仅仅体现在团队“协调人”的存在，还体现在对其工作积极性的激励。

对于大多数重视人才自主性的企业来说，在管理上都会存在一定风险，因为提升人才工作的自主性能够释放他们的创造性，同时也会带来相对自由的工作氛围，如果人才的自制力不足，长时间处在无人管理的状态下，他们可能就会进入散漫的状态，丧失工作的积极性。Valve 为了避免这种不利于企业发展的情况出现，给予人才在开发工作上 100% 自主权的同时，也用合理的薪酬激励制度对人才的工作积极性进行了激活。

Valve的薪资主要受到两种评估结果的影响，一种是综合评估，另一种是同事评价。在综合评估中，员工的专业能力、开发产品的数量、对团队以及产品做出的贡献值都是评估的重要因素。这样，在利益的驱动下，员工就会积极主动地去创造价值，实现有效的自组织管理。而同事评价环节的存在，也避免了高水平人才之间因为坚持个性而产生矛盾与纠纷，从而进一步提高了团队协作开发的效率。

其实无论是团队"协调人"的存在，还是薪酬制度的激励，Valve对于员工的支持都是相对"隐性"的，在员工绝对自主的整体环境下，这些不起眼的辅导与帮助，能够实现更加高效的自组织管理。

从某种程度上来说，技术开发人员实际上是与市场相对脱节的，在他们眼中只有开发极致的游戏，不会过多地考虑这个游戏是否符合市场的需要，而管理者在市场认知方面恰好是具有一定优势的群体，所以适当的干预可以让企业开发的产品更受市场欢迎，从而更加高效地为企业创造利益。从这种角度出发，管理者的宏观调控，实际上是在提高自组织管理的效率。

第十章
创业原力：保持初心，持续学习

创业是一个风险与机遇并存的个人行为，有人因抓住机遇而登临巅峰，也有人因为遇到挫折而跌入谷底。最终能够成功的，一部分是凭风借力，顺势登顶者；但更多的是吸取教训，后来居上的创业者。创业原力，不仅是抓住机遇的能力，击败挫折的勇气，持续创业的 Day 1 心态，更是持之以恒，保持创业精神的初心。

逆势飞涨，美团靠的是“学习机器”

在大多数人的认知里，创业是一个一次性行为，从团队的组建到企业的成形直至成功上市，创业就到此为止了。但实际上，创业并没有这么简单。

从本质来说，创业是创业者对自己已经拥有的资源或通过努力能够拥有的资源进行优化整合，从而创造出更大经济效益或社会价值的过程。创业是一种需要创业者组织经营管理，运用服务、技术、工具进行思考、推理和判断的行为。杰夫里·提蒙斯在《创业创造》一书中也曾经提道，“创业是一种思考、品行素质，杰出才干的行为方式，需要在方法上全盘考虑并拥有和谐的领导能力”。

无论是从资源优化整合、组织经营管理，还是从全盘考虑、和谐领导出发，创业都是一个不断学习、持续进步的过程。因为时代在变化、市场在发展，创业者手中的资源、经营管理的主流模式、经济环境的整体趋势，甚至是员工对企业的全新需求都在变化，这意味着只有时刻保持学习的态度，将最新的增长因素收归己用，从而实现持续创业才能保持企业的活力，才能实现长远发展。

创业公司不是简单的技术公司，而是一个系统的“学习机器”。但持续学习并不是一个简单的事情，大多数企业在创业行为获得初步成功的时候，就会陷入骄傲自满或者谨小慎微的情绪当中，不仅仅是创业者自己，包括企业员工在内都是如此。这两种情绪会对企业之后的发展形成错误的导向：骄傲自满者故步自封，沉迷于当下的业绩而失去继续前进的动力；而谨小慎微者会亦步亦趋，一味要求绝对正确的发展，从而失去开拓进取的勇气。同样的企业、同样的团队、同样的人员构成，为什么首次创业可以成功，但持续创业难以达成呢？其实答案很简单，学习行为的逐渐减少，让企业失去了继续前进的鲜活动力。

学习型的创业企业，通常都会有一个明显的特征，那就是与市场需求变化趋势一致的学习轨迹。而这种学习轨迹体现在现实当中，就是企业跟随市场形势对自身经营策略进行的调整。从这个角度来说，美团显然是学习型创业企业的典型代表。

熟悉美团的人应该都知道，美团是作为 PC 端的团购网站而崛起的。它通过网络技术的应用，在商家与用户之间建立了直接的联系，同时，通过团购优惠的方式，促进了消费行为的产生。但这只是美团早期成功的发展路线，随着市场变化以及不断学习，美团始终在持续进步。

随着移动互联网时代的到来，美团认识到仅仅关注 PC 端的用户已经不能满足当前市场的需求，而且也发现了移动端成为互联网用户主流渠道的未来趋势，所以美团迅速将自身的经营重心从 PC 端转移到了移动端，在很短的时间内就完成了移动端应用的开发与上线。在其他网络团购服务平台还没有意识到移动端重要性的时候，美团已经开始享受移动互联网红利带来的飞速发展。

但美团的学习行为并没有到此为止，作为一个成熟的用户服务平台，美团在持续经营中发现用户在团购的需求之外，餐食配送上门的需求也渐渐抬头。所以美团决定开辟外卖服务项目。很快美团外卖面世，在餐饮行业掀起了一股外卖消费的潮流，甚至改变了千百年来国人餐饮消费的习惯。

从 2014 年开始，美团在自己的团购平台上又增加了与旅游消费息息相关的酒店订购服务。虽然入局较晚，但凭借巨大的用户基数，美团在很短时间内就达到了与老牌强者携程旅行网分庭抗礼的程度。而在 2019 年，根据第三方移动互联网大数据监测平台 Trustdata 发布的《2019 年上半年中国在线酒店预订行业发展分析报告》中的数据，美团酒店订单量占比已经达到了 50.6%。这就意味着，美团已经超过很多传统旅游服务平台，成为酒店订购业务的领头羊。

即便到现在，美团依然在继续学习，在外卖平台增加商超产品、医药服务，在团购类型中增加娱乐、健身、宠物服务等。在逐渐多样化的综合经营背后，是美团对市场经济形势、消费者需求、企业经营形态变化等多个领域的持续学习。

短短几年时间，美团便发展成中国最大的在线酒店预订玩家。2019 年第一季度财报显示，从 2018 年 3 月 31 日到 2019 年 3 月 31 日的一年时间里，美团的国内酒店间夜量合计已达 3.02 亿，成为“一年 3 亿间”的在线酒店预订平台，同比业绩远超携程旅行网、去哪儿网、同程艺龙三家之和。

这种持续学习为美团带来的是源源不断的发展动力，所以即便在 2019 年上半年行业整体低迷的环境下，美团的股价依然实现了翻倍增长。截至 2019 年 10 月 8 日，美团市值共计 5 162 亿港元（约合 661 亿美元），排在阿里巴巴（4 382 亿美元）和腾讯（3 940 亿美元）之后，超过京东（418 亿美元）、拼多多（366 亿美元）和百度（353.66 亿美元），这就是持续学习的力量。

大多数在发展过程中夭折的企业，并不是缺乏准确的创业目标和创业方法，而是提供生长养分的学习行为无法不断地延续。一时的成功，不代表永远，持续学习才是适应时代变化，不断完善自我，提升竞争力的根本途径，而所有创业者都应该牢记一句话，“不忘初心，牢记使命”。

简单、变通才是持续创业的真谛

创业需要一定的资本支持，持续创业更加需要。所以，能够连续创业的团队，一定是已经实现财富自由，有着雄厚资本作为后盾的。说到这里，很多人可能会有疑问，既然已经拥有强大的财力，必然已经在行业内取得了一定地位，为什么还要继续创业呢?

其实答案很简单，资本积累是一个永无止境的过程，这是资本的天性使然，凡是企业，皆无可避免。但被动地获取利益和主动地创造利益是截然不同的两个层次。前者只能根据市场的需求进行调整,即使再及时,也会出现一定的滞后性;而后者是通过自身的创新，引导一种消费需求的产生，等同于为自己创造了一个利益增长点。两相对比，孰高孰低，一目了然。

企业成功之后，依然持续创业的主要原因，就是想要通过持续创业的行为，创造新的消费需求，从而建立一个更加适合自身发展的经济环境,实现长远发展的目标。从当前来看，整体经济水平的提高，让很多企业都具备了充足的资本积累，问题的关键就变为企业应该如何具体进行持续创业。

既然强调持续，那么在创业的过程中自然不需要力求尽善尽美。简单的目标、快速的决策，足以引导一个阶段内的创业行为，而接下来新的创业阶段，自然有新的目标和快速决策进行引导。当然，在这个过程中，CEO也应该深入一线，确保发展的方向，督促工作的进度。

作为当前国内知名的电商平台，以及新晋的上市企业，拼多多的资本实力毋庸置疑。而拼多多持续创业的步伐也始终没有停止，从拼团购买到社交分享砍价，从低价商品到综合经营，从五环外市场到覆盖全民，在短短的四年发展时间里，拼多多一直在不断地改变自己。

从早期来看，拼多多抓住了其他电商品牌忽略的下沉市场，在短时间内实现了快速发展。但拼多多并不满足于攫取他人发展的残羹冷炙，而是想要开辟属于自己的电商新模式。拼多多将电商平台的社交属性进行了无限放大。在网购的基础上，加入了拼团购买的新鲜元素，而消费者在此影响下也开始将社交与网购联系在一起，尤其是在一些相对需求较广泛的商品上，通过社交分享可以以更低的价格进行购买，而这些商品大都也是朋友们需要的，何乐而不为呢？

依靠这种方式，拼多多迅速受到了大量用户的青睐，但拼多多的创业并没有停止。在持续创业的过程中，拼多多会根据不同的发展阶段，以简单的目标对实际工作进行指导，从而实现团队聚焦的效果。一般情况下，设定的目标会以GMV（一定时间段内成交总额）的形式呈现。在电商行业中，GMV也就是实际拍下订单金额，包含付款和未付款的部分。拼多多可以使用如此简单的金额作为发展目标，也是因为企业组织内部采用了极简的三层架构，使用订单金额作为发展目标，等于给员工设定了工作的方向，但没有规定实现目标的方法，这样员工就可以充分发挥自身的主观创造性，去完成创新甚至创业的工作。

在阶段性的创业中，拼多多的决策也更加倾向于快速而不是绝对准确。持续创业的节奏其实同样是和市场需求的变化挂钩的，因为企业只有通过分析现阶段消费者表现出来的需求模型，才能准确探知隐性需求所在。而当前市场消费热点崛起和陨落的速度，都在互联网的发酵作用下得以催化，达到了一个极高的水平，所以拼多多在持续创业的过程中，为了抓住一些稍纵即逝的机会，选择了快速决策，当管理层认为当前的形势下有某种需求值得激活时，企业会果断提出决策并加以实施。而在决策的准确度上，拼多多的要求并不高，只要符合整体趋势，没有方向性错误即可，即便存在细节上的不足，在后续的持续创业过程中也有很多机会可以加以弥补。而这种操作，对于产品的更新迭代也有促进意义。

为了及时了解市场变化以及持续创业的进度，拼多多的管理层也经常到基层，听取员工的意见和建议，并指导实际工作。

持续创业等同于按照不同的发展阶段，以及不可预知的市场变化，将企业的发展分成一个个特点鲜明的创业时期。而随着互联网经济影响规模的扩大，每一个时期存在的时间已经越来越短。市场不会留下太多时间给企业去准备、决策，消费者也不会为企业长时间打磨出的一款极致产品而买账，人们追求的是当下的潮流，是为年轻人所创造的体现自由与个性的产品。

简单、变通，不仅仅是持续创业的真谛，也是时代要求下不得不为的唯一途径。

创业原力三色环：专业能力

三色环是所有颜色的基础，只要调整合适的比例，就能得到任何想要得到的颜色，而创业原力三色环则是一个人成功的基础。一个人的职业发展其实也是一个创业的过程，充分理解创业的规律和方法，更客观地认知自己极为重要。只要三种能力俱全，不管创业的模式为何，最终都会导向成功的结果。而这三种能力分别是专业能力、认知能力以及转型能力。从各自分工来看，专业能力是创业成功的基础，认知能力是限制成功结果大小的天花板，转型能力则决定了企业持续成功的时间长度。

接下来，我们就对这三种能力逐一进行讲解。

专业能力侧重的是企业在核心技术或业务方面的专业性。科创企业有核心科技、平台企业有核心算法，这些都属于企业发展的基础保障。“经济基础决定上层建筑”，只有具备牢固的基础，企业的发展才能长久。

说到专业，每一个行业都会有自己的标杆型企业，就像美团之于外卖，盒马鲜生之于冷链配送。而在计算机操作系统以及软件应用领域，论及专业能力，首屈一指的就是微软。

作为PC软件开发的先驱，微软成立于1975年，以研发、制造、授权和提供广泛的电脑软件服务业务为主。在全球范围内被广泛应用的Microsoft Windows操作系统以及Microsoft Office系列软件是微软最为著名的两大产品。其创始人是我们熟知的世界前首富比尔·盖茨。

从目前来看，微软在计算机软件应用方面的霸主地位依然难以撼动。在“2017年全球最赚钱企业排行榜”中，微软排名第15位，在“2018年BrandZ全球最具价值品牌100强”榜单中名列第4位，在《财富》世界500强排行榜中排名第71位，在世界品牌实验室编制的《2018世界品牌500强》榜单上排名第4位。到2019年，微软在《财富》世界500强排行榜中的排名又提升了11位。这些优秀成绩都在阐述着一个事实，微软在成立之初就建立了稳固的发展基础，所以微软才能在45年后，依然迈着稳健的步伐向前走。

关于微软的创始人比尔·盖茨，大家都对其曾经考入哈佛大学但选择中途辍学创立微软的经历津津乐道。很多人也认为他的成功是因为抓住了时代的机遇，赶上了PC互联网发展的东风。但实际上并非如此，要知道在微软创立初期，比尔·盖茨担任的不只是经营和管理的职位，同时他也是微软的首席软件设计师。

早在13岁的时候，比尔·盖茨就通过自学Basic编程，掌握了初步的计算机软件开发技术，在16岁的时候，他就独立开发了一款课表安排软件，并于次年将这个软件卖给了自己的高中。而在哈佛的三年，通过系统学习，比尔·盖茨的计算机编程以及软件开发能力都得到了飞速提升，在校期间，他和朋友共同开发了当时的计算机可以使用的系统软件。而这个朋友，就是后来与他一起创立微软的保罗·艾伦。

微软的成功，并不只是时代的推动，更主要的是比尔·盖茨和保罗·艾伦拥有的专业技术，为产品的开发奠定了良好的基础，也因此产品在上市之后才会得到用户的青睐。

微软的专业能力不仅体现在创始人的专业技术层面，在产品上更是体现得淋漓尽致。除了少数几个使用自己独立系统的PC厂商，大多数计算机品牌在出厂时预装的都是Microsoft Windows操作系统。从Microsoft Windows1.0到如今的Microsoft Windows10，微软的操作系统都具备三个优势：优异的人机操作性、支持多样化的软件应用以及良好的硬件支持。可以有效满足用户在使用计算机的过程中产生的多种需求，而且，在每一次产品升级迭代后，微软都会不断地寻找系统中的漏洞和缺陷，并将解决方案制作成补丁，供用户下载。顶尖的产品质量，搭配全面的售后服务，在这两个层面的专业能力促进下，微软产品得以风靡全球。

同样的道理，微软的第二款主要产品 Microsoft Office 系列软件的专业性也毋庸置疑。作为办公应用软件，从开发之初，Microsoft Office 系列软件中就包含了文字编辑、表格编辑、幻灯片编辑等多种不同功能，可以应对办公室工作中的多个不同场景，能够满足用户在办公方面的多样化需求。而且随着时代的发展，办公需求的增加，微软也在不断地向 Microsoft Office 系列软件中增加新的内容，比如数据库等新功能。

专业能力是一个创业企业立足的根基，“打铁还要自身硬”说的就是这个道理。专业能力的积累通常会经历五个阶段，分别是知识、能力、经验、方法、方法论。知识来源于书本，具有普适性的指导意义，但实用性并不强。从理论知识演变成实践能力，一般需要 1~3 年实际工作的历练。而对于已经工作了 3~5 年的资深从业者来说，专业能力已经从单纯的技能转变为更加灵活的经验。大多数人在具备丰富经验的时候就开始安于现状，因为这些宝贵经验可以给他们带来丰厚的经济回报、令人羡慕的职位，以及资深员工的地位，但是这种对经验的过度依赖使其失去了从“经验”到“方法”的关键提升机会。

相比于传统行业，科技行业的发展日新月异，只有经验是远远不够的，甚至在某些情况下，经验可能会成为限制深度思考的包袱。只有在持续学习的过程中，将经验结合现实，整合成方法，才能对工作加以具体而灵活的指导。当一个人能够拥有自己创造的方法时，其能胜任的工作已经不再受到部门、职能，甚至是行业的限制。一个能利用方法解决问题的人，其商业价值是一个经验主义者的 10 倍甚至更多，其职业发展的空间也远超后者。但是想要建立属于自己的系统的方法，通常需要 5~10 年，甚至 10 年以上的工作经历。

能实现由方法到方法论的进阶的人就更寥寥无几了，这需要一个人经历过、领导过更多业务，有更为高瞻远瞩的思考方式，极为难得的认知能力和持续学习的习惯。

专业能力指的不仅仅是一个人在自身所处的业务领域的能力、经验，还包括跨界能力、综合管理能力。例如，一个医疗科技公司的管理人员，不仅需要对医疗行业有深入的了解（业务经验），还需要有丰富的软件研发管理方法（跨界经验），以及综合管理能力的支撑才有可能胜任自身的工作。总而言之，专业能力包含业务能力、技术管理能力、综合管理能力，三个方面缺一不可。

强大的专业能力是企业成功的基石，就像映客当年遭遇下架危机一样，即使风暴来得既猛烈又持续，作为创始人的奉佑生依然淡定得有些佛系。这并不是说他对企业不重视，而是他坚信映客的专业性终将使其走向胜利。

创业原力三色环：认知能力

认知能力强调的是一个人对自我的认知，对“对错”的认知，对客观和主观的认知，同时也是对市场需求、消费者特性的精准认知。因为只有在充分了解的前提下，一个人才能设计、开发、生产出能够满足市场需求，激发消费欲望的优质产品，才能制定准确的发展路线，确保企业发展的活力和潜力。

我们每一个人都会被局限在自己的认知里。最终的结果就是，**客观世界只有一个，但主观世界是无穷无尽的**。这一点并不难理解，我们对这个世界的认知，其实正受限于认知能力，我们的学识、经历、背景以及过往的经验会给我们设置出一个隧道，我们所有对事物的认知和判断都会局限在这个隧道内，并且想当然地认定真相就是如此。

我们大多依靠经验而活。但很多时候，一只黑天鹅就能颠覆我们的认知。在发现澳大利亚之前，欧洲人对天鹅的认知就只有白天鹅。黑天鹅？不存在的。在他们的认知中，这个延续了 1 000 多年的“常识”，就是真理一样的存在。“黑天鹅”也成了欧洲人交流和信件中的常用语，喻指不可能存在的事物。

但是，在欧洲人踏上澳大利亚看到第一只黑天鹅的那一刻，天啊，认知崩塌了！

我们每个人对世界的认知，都不是世界本身。没有人能绕过自身的感知形式去认识客观世界，客观世界在脑海中所呈现的样子必然会受到主观认知形式的塑造，这就是著名的“黑天鹅理论”。

创业是一场在未知世界里的冒险。这个世界很大、很迷人，也很魔幻。对于创业者来说，只有练就躲刀、避炮、防止掉坑，以及掉坑后爬出坑的能力，才有可能赢得未来。当然，这一切的前提，就是正确认知自我和世界。

1. 认知自我

认知自我是指对自己的洞察和理解，是个体对自己存在的觉察，包括对自己的行为和心理状态的认知。通俗而言，就是我们常说的“人贵有自知之明”，对自我拥有准确的认知和判断。

放到创业层面，认知自我就是知道自己是个什么样的人，拥有哪些可能对创业产生帮助的能力和资源，知道自家产品的优点和不足，能否满足用户需求，以及我能创造什么、我能带来什么等。

无论是在生活中，还是在我所见过的创业者里，几乎没有一个人觉得不了解自己，但自我认知其实是一件十分困难的事情，**人往往很难恰如其分地评价自己的光彩和晦暗**。有些创业者如果赢了，便会归功于自己的能力和远见；输了，就会归罪于运气和环境。这是十分典型的认知偏差。

自我认知是最重要的事情，一个人只有对自己形成了正确的认识，才能对标世界，找准自己的位置。这方面最典型的案例，就是曾经作为 PC 端网络下载软件霸主的迅雷。

凭借 P2P（点对点），P2SP（有服务器加速的点对点）下载加速技术优势，迅雷曾在互联网下载服务领域一枝独秀，巅峰时期用户数量超过了 4.6 亿人，付费用户也达到了 520 万人。但在移动互联网时代，迅雷的创始团队并没有认识到移动端的重要性，反而死守着 PC 端和迅雷会员两项成熟业务，坐等机械式增长。即使在发现移动端的转型机遇之后，其推出的“手机迅雷”居然还是以下载为主要功能，与 PC 端的产品并没有任何差异。

事实上，迅雷产品的核心价值是连接了“用户”和“内容”。高效地为用户提供其所需要的内容才是迅雷在移动互联网时代对公司的合理定位，而这也恰恰是字节跳动强势崛起的业务方向。迅雷拥有业界顶尖的搜索技术、传输技术、存储技术、视频经验（迅雷看看），但是创始团队却未能拥有开放的心态，缺乏“明天思维”，未能认清时代潮流，错过了一个又一个宝贵的“二次成功”的创业机会，令人扼腕。

时代潮流不可逆转，移动端最终还是取代了 PC 端成为当前用户使用互联网的主要渠道，迅雷的业务也因此一落千丈。这是创始团队为自己认知能力不足、认知水平有限所缴纳的高昂学费。

2. 认知世界

言及于此，我们的话题其实已经从认知自我上升到了认知世界。坊间有句老话，叫“你以为你以为的就是你以为的吗？”，其实说的正是对世界的认知。在信息爆炸的今天，创业者认知世界的渠道已极为丰富，大到国际时讯，小到鸡毛蒜皮，只要你有心，移动互联网都能为你一一呈现。但为何创业者会存在对世界、市场、对手认知上的明显偏差？出问题的是他们认知世界的方法。

苹果的创始人史蒂夫·乔布斯一直被认为是独具慧眼的商业天才，因为他总是能够在波诡云谲的市场变化中，找到独属于苹果的发展契机。

苹果的初步成功来自个人计算机“苹果Ⅰ号”以及“苹果Ⅱ号”的火爆销售，而这一切都是因为乔布斯注意到人们对于计算机小型化的需求。当时，大多数的计算机都是用于商用，体积庞大，造价高昂，普通人即便想要购买，也没有足够的消费水平和充足的放置空间。乔布斯和自己的合作伙伴，通过不懈的努力，成功缩小了计算机的体积，同时也降低了造价。产品一上市，就有大量的销售商和私营企业家上门订购，凭借独到的眼光，苹果积累了第一桶金，并凭借这部分资金扩大了生产，成为上市公司。

但好景不长，上市之后，由于乔布斯的经营理念太过于超前，与当时的管理层总是意见相左，再加上当时 IBM 个人计算机业务的开展，苹果失去了大量的市场份额，所以董事会决定撤销乔布斯的管理职位，而乔布斯也因此辞职离开了苹果。

被自己创立的企业清理出局并没有磨灭乔布斯的斗志，他选择在另外的行业继续自己的辉煌。他关注到当时动画电影的广阔市场，便从乔治·卢卡斯手中收购了一家电脑动画效果工作室，并以此为基础成立皮克斯动画工作室，着力发展 3D 立体技术。之后该公司成为众所周知的 3D 电脑动画公司，并在 1995 年推出全球首部全 3D 立体动画电影《玩具总动员》。公司在 2006 年被迪士尼收购，乔布斯也因此成为迪士尼最大的个人股东。在电脑动画领域的投资，也充分展示了乔布斯对于市场形式的准确把握，以及强大的个人认知能力。

相反，将乔布斯踢出局的苹果反而因为经营不善而陷入了危难之中，于是不得不请回乔布斯主持大局。回归苹果的乔布斯认识到自身在个人计算机方面的优势已然消耗殆尽，想要重新崛起，只能从其他领域另辟蹊径。所以乔布斯果断地进行了大刀阔斧的改革，剔除了大量当时不合理的研发和生产环节，转而开始研发新产品 iMac（苹果电脑）和 OS X 操作系统。iMac 时尚前卫的造型，个性十足的颜色搭配吸引了大量年轻消费者的目光，一时间风头无两。而独特的 OS X 操作系统也为 iMac 产品增光添色不少。

在 iMac 引领了一段潮流之后，乔布斯认为在音乐播放器领域，剩余的市场价值已经不足以投注过分的精力。而当时手机和数码相机的消费热潮已经来临，乔布斯认识到可以将两者合二为一，创造新的产品来形成新的利益增长点。于是，搭载手机和相机功能的 iPhone 应运而生。苹果再一次在乔布斯精准的市场认知下，创造了新的消费潮流。

乔布斯的认知能力不仅体现在对消费热点的把控上，也体现在从成熟市场中发掘潜在需求的能力上。在 iPad（苹果制造的平板电脑）问世之前，美国的电子书订阅业务是被亚马逊所垄断的，消费者想要阅读电子书只能从亚马逊购买图书以及用配套的 kindle 电子书阅读器才能实现。甚至当时的出版社在图书定价上都要跟随亚马逊的脚步。按理来说，形成完整产业链的市场已经不再具备开拓的意义。但乔布斯并不这么认为。他觉得出版社与亚马逊之间的联系并不是那么紧密，而用户对于亚马逊的垄断式定价也不是非常满意，所以乔布斯认为，苹果可以推出一款产品来打破局面，让自己成为新的规则制定者。而这款产品就是 iPad。iPad 的定位介于 iPhone 和笔记本电脑之间，与 iPhone 同样的布局，同时提供浏览网站、收发电子邮件、观看电子书、播放音频或视频、玩游戏等功能。其中电子书的功能就是针对亚马逊而设计的，乔布斯通过与出版社沟通，订立了新的定价规则，并通过免费使用 iPad 的营销方式，吸引了大量用户。而用户在使用 iPad 的过程中，不可避免地被其多样化的功能所打动，所以越来越多的用户为了使用 iPad 而选择苹果的电子书服务。当 iPad 的口碑深入人心，苹果开始正式销售时，消费者依然趋之若鹜。虽然，乔布斯此举主要是为了以电子书订阅业务为切入点，宣传自己的平板电脑产品，但实际上，他也确实打破了亚马逊的垄断，在成熟行业中成功分走了一杯羹。这种成功经验最后也被用在了苹果产品的应用市场上，有偿下载和使用为苹果创造了大量的收益。

与微软分庭抗礼的苹果，其创始人乔布斯在专业能力上并不逊色于比尔·盖茨，独立开发个人计算机的难度并不亚于单独开发计算机系统及应用软件。苹果成功的关键不仅仅在于研发团队的能力。最直接的证据就是乔布斯辞职后，苹果的研发团队并没有变动，而企业的经营效果却始终不见起色。

乔布斯的个人力量之所以强大，除了专业能力，更重要的是因为其强大的认知能力带来的独到眼光。他总能以“明天思维”去思考未来的可能性。无论是从商用电脑的应用中认识到民用化的未来需求，还是在数码相机的消费热潮中发现多样化功能手机产品成为未来热点的潜力，乔布斯对于市场和用户的认知，从来都不是仅仅局限于当下，而是面向明天来创造命题。

实际上，当下的企业正处在一个新旧世界交替的过渡时期，传统的实体经济形态开始向信息规则与网络效应所主导的新经济形态进化，在这个过程中，一些变化正在发生。

首先是 M2C 模式向 C2M 模式演进，个性化、定制化正在从边缘成为主流。

其次是数据在企业经营影响因素中开始呈现中心化趋势，今天能够站在市场舞台中心的，都是一些数据中心化巨头。脸书、谷歌、亚马逊等，通过个人数据聚合、切割、打包、推送，最终成就大的产业帝国，但是这个逻辑会越来越向数据自主权过渡。

再次是三方博弈结构逐渐演变为三位一体，用户、员工、股东之间不再是单纯的对立关系，而是呈现相互渗透的趋势，虽然三者不会完全重叠为一体，但是他们之间的界限会越来越模糊，也会越来越开放。

最后是规模效应向网络效应和裂变效应的转变，新经济时代，企业依靠规模效应的底层驱动已经不足以支撑企业发展到规模经济的边界和拐点，由于规模扩大往往伴随着协调成本、沟通成本、组织成本的逐步上升，所以实体经济企业规模发展到一定程度，就将限制未来的增长速度。对于企业来说，现阶段最核心的增长力来自用户驱动，通过网络效应，企业可以有效连接到每一位用户，而个体用户在整个社群中间，有能力去撞击或者推动撞击其他用户，以裂变效应为企业带来破界增长。

这四种逻辑的演变，包含了当前企业经营内外影响因素的发展趋势，创业企业建立精准的认知、提升认知能力的重点，就在于保持对这些趋势的持续关注以及高度敏感。

创业原力三色环：转型能力

转型能力指的是在当下瞬息万变的市场经济形势下，企业及时根据整体行业发展趋势的变化，调整自身经营策略的能力。

转型能力通常与认知能力共同发挥作用，科学的认知可以说是成功转型的前站，而且在转型过程中，也始终伴随着对转型领域认知的加深。对于很多创业者来说，固有的认知一旦形成，就容易形成一种路径依赖，进而习惯于走在企业已经熟悉的路上，沿着一成不变的方向前进。这种心智模式一旦形成，创业者的思维便会被限定在这个框架中，就像是一个“监狱”，你不但很难“越狱”，甚至连“越狱”的念头都没有。

当已有方向和赛道出现问题时，转型能力决定了你能否快速迭代。从这个角度思考，创业者最重要的并不是制订执行计划，而是制订认知计划。在新的认知体系中，创业者需要始终保持开放的心态，并依靠心力克服种种惯性，反经验而行。切不可被传统的商业模型、过往的成就和经验，以及一开始定义的创业方向所禁锢。

脸书由创始人马克·扎克伯格在2004年创立，最初只是哈佛大学内部学生交流的平台，但随着用户呼声的提高，用户范围也逐渐扩大到了更多地区。现在，不仅仅是大学生，在脸书中也可以建立起高中和公司的社会化网络。

脸书在2018年财报中公布，全球日活跃用户达23.8亿人次，同比增长8.2%。在2019年《财富》世界500强榜单中，脸书位列第184。在2018年全球市值排名里，脸书仅次于苹果、微软、谷歌和亚马逊，位列第5。

但就是这样一家优秀的企业，在发展过程中也曾经历过转型的困难。在建立之初，脸书针对的主要是PC端用户，但移动互联网时代的到来，让越来越多的网络用户转向移动端，而脸书的业务也因此受到冲击。所以扎克伯格决定，将企业经营的重心转移到智能手机端口，通过转型来应对冲击，甚至获取新一轮的增长。

但扎克伯格本人对于移动端应用的理解并不深入，脸书的转型也只是将原本PC端软件的功能移植到智能手机应用中。消费者自然不会买账，所以脸书的第一次移动端转型以一败涂地的结局收场。

这次失败也对扎克伯格的认知产生了巨大的冲击，他认识到自身在转型能力上的不足。所以痛定思痛，在接下来很长一段时间里，对于成熟的PC端业务，扎克伯格几乎是放任自流的态度（当然前提是完整的组织体系，流程化的运营系统已经形成，即使没有CEO的直接管理，这些业务也可以正常运行），而把自己的全部工作精力都投注到了移动端业务之上。每天只听取移动端的项目汇报，并深入探究报表背后隐藏的行业信息与发展趋势，最终形成了正确的认知，并以此为指导，成功实现了转型。

虽然听上去只是一个简单的过程，但实际上脸书的转型涉及很多具体的能力。

首先是数据分析的能力。扎克伯格根据自身以及主要竞争对手平台上大量的移动端用户数据，分析出了移动互联网用户的需求特性。而指导转型的准确认知，也是通过这种途径建立起来的。

其次是构建“第二曲线”的能力。虽然有准确认知的指导，但扎克伯格并没有直接过渡到移动端，而是在保持原有PC端业务正常运转的同时，增加了移动端的用户渠道，将移动端应用作为企业的第二产业进行发展。此举在降低转型风险的同时，也充分利用了原有的用户资源，通过有效的引导，原本PC端的用户会自然而然地成为移动端用户。而随着移动端业务的崛起，企业的资源分配也逐渐向其倾斜，转型也正式成功。

认知、数据分析、“第二曲线”三个环节共同构成了企业转型的整体过程，换句话说，在企业的转型能力中，包括认知能力、数据分析能力和构建“第二曲线”能力这三种。一般情况下，这套流程对于大多数企业都是适用的，只不过企业在实际应用的过程中，需要根据自身的特点选择搭配的顺序。

比如，对于一些大型企业，试错成本较高，企业就应该率先进行数据分析和加深认知的环节，并制订系统的转型方案，从而避免在转型中出现疏漏，影响企业的成本控制与利益获取。

相反，如果是一些小型企业，试错成本较低，但在用户数据获取以及数据分析能力方面会相对欠缺，所以企业可以进行更多的“第二曲线”尝试，通过不断试错来加深对转型领域的认知，从而一步步完善转型的方案。

创业原力三色环包含的三种能力，对于在创业企业里工作的每一个人来说，都缺一不可，只有不断提升自身的专业能力、认知能力、转型能力，才能实现自身成功，以及财富的指数级增长，企业也才能实现长远的发展。而提升这三种能力，除了自身的努力，更多的时候需要外部的助力。

企业不同发展阶段需要不同的导师

“师者，所以传道授业解惑也”，直接的教育、辅导是获取知识和技能最高效的方式，但针对不同发展阶段的差异性需求，企业需要的导师也不尽相同。

1. 领路人

在创业初期，企业需要一个扮演领路人角色的导师。作为一个新手，从专业能力发展阶段来说，还停留在第一阶段的知识层面，充其量可以算作具有一定行业知识但尚未入门的外行。至于管理经验更是少之又少，甚至一点都没有。对于处在这一阶段的企业，想要提升自身的专业能力、认知能力和转型能力，需要的是方向性的指导，然后企业通过自身的实践，逐渐积累经验，达到提高三种能力的目的。当一个人的发展遇到困惑或者瓶颈的时候，通常也是所在企业的战略失去方向的时候，在这种情况下，领路人就尤为关键。一个优秀的领路人能起到“醍醐灌顶”的作用，帮助个人和企业突破自己的认知壁垒和发展瓶颈。领路人的作用不是替代企业董事长、CEO，而是站在一个更高、更广的层面给创始人带来认知的提升，行业视角的扩展，管理经验的补充和关键资源的对接。

2. 局外人

在创业中期，取得了一定成绩之后，企业需要的是扮演局外人角色的导师。在这个时期，企业已经具备了完整的经营体系与足够的经验，导师已经不再需要提供系统辅导，而应该更多地帮助企业调整心态。俗话说，“当局者迷，旁观者清”，企业在取得一定成绩后，非常容易陷入骄傲自满的情绪当中，看不清未来局势，从而导致最终创业失败。所以在这个阶段，需要有人站在外部的角度，从第三方的视角对企业的发展进行客观评估，这样企业才能形成对自己的精准认知，才能更加高效地促使专业能力与转型能力的提升。

这时候，导师就像企业的一面镜子，总能帮助企业还原真实的自己，帮助企业客观地感受到自身的优势和不足，从而帮助企业不断成长。通常这也是企业独立董事的一个核心职能。

3. 真心人

在创业后期，企业的成功已经近在咫尺的时候，企业需要的导师，应该是一位真心人。所谓真心人，就是真诚希望企业得到长远发展的导师，因为在这个阶段，企业的经营已经无限趋近于成熟，在能力、经验以及方法论上已经没有太多需要外部助力的领域，只有一些当下无关痛痒的细节，企业经常会忽视。但这些微小的疏漏在未来很有可能成为企业经营失败的罪魁祸首。普通导师在这种情况下，出于既得利益与事不关己的心态，往往会选择忽略这些细节。只有真心人，会为了企业进行长远考量，然后帮助企业解决这些细枝末节的问题,也只有这样,企业创业的三种能力才能彻底完善，为持续发展奠定坚实的基础。

越是成功的企业越需要“诤友”，古时，唐太宗因为有魏徵这样敢于直言进谏的诤臣，才能够时常明心见性，从而成为“一代明君”，这是唐太宗的幸运。而一个好的导师，同样可以在任何时候直言不讳地给创始人提供客观的信息和反馈，无论这些反馈是对是错，对于建立更为客观、科学的认知都有极大的促进意义。能够得到一个真心的老师，也是一个企业的幸运。

在企业发展的不同阶段，导师有不同的角色分工，也有不同的指导方式，所以企业要根据自身的实际情况和需求选择合适的导师，并对导师提出恰当的角色诉求，从而实现创业原力三色环的有效增长。

创业原力三色环当中，专业能力决定了一个人发展的基础，认知能力决定了一个人发展的高度，而转型能力则决定了一个人持续成功的时间长度。

增长双轮整体总结

增长双轮将企业未来的发展规划在了两个维度之内，一个是“重新定义”，另一个是“破界增长”。“重新定义”指的是企业通过技术赋能重新定义技术边界、通过规则创新重新定义游戏规则、通过生态重构重新定义价值网络；而“破界增长”则需要企业通过数据驱动提升业务规模、通过组织觉醒提升执行力、通过创业原力提升自驱力。

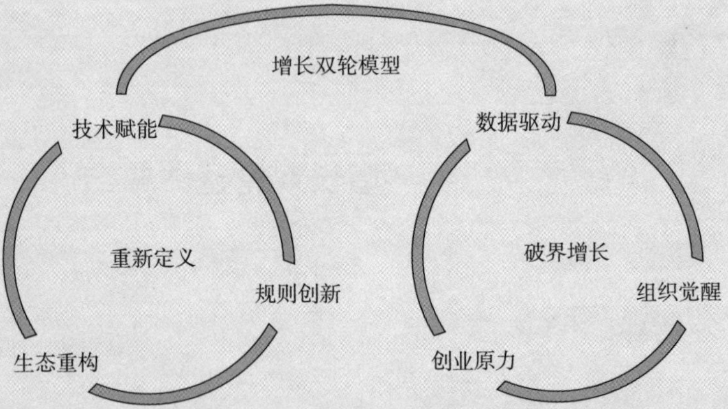

增长双轮模型图

第十一章

新时代的颠覆者和重塑者

新经济时代的崛起典型

作为2012年成立的科技创新型企业，字节跳动从创业伊始就与移动互联网时代建立了直接的联系，其崛起之路带有鲜明的新经济时代的特色，同时也完美体现了“增长双轮”的两个维度。

技术赋能是字节跳动最强大的优势，其主要产品今日头条、抖音等，之所以能够火爆，最重要的武器就是人工智能推荐技术以及搜索2.0技术所赋能的内容个性化高效分发。除此之外，在抖音、火山小视频、西瓜视频等以视频为载体的内容产品上，字节跳动还开发了视觉深度学习技术，用于赋能用户生产高品质视频内容。

与突破技术边界同时进行的，还有字节跳动对内容平台行业的规则创新。字节跳动所创造的资讯3.0 Give模式以及短视频 Give 模式，将内容平台的核心价值主张，由内容资讯的“最新”和“最全”升级为用户“最爱”；同时，字节跳动的市场定位突破了资讯业务的范畴，升级为全网内容，为用户提供了更全面的内容体验，也兼顾了用户个人创作内容传播的需求。字节跳动开创的这种对用户更加亲和的新规则，充分迎合了当前消费市场的需求，所以在很短的时间内，就成为内容平台行业争相效仿的对象。

在打破技术边界、创造行业新规的同时，字节跳动的经济生态位也在发生变化，但不同的是，这种变化并不是被动调整，而是与其他重新定义环节同时进行的主动生态重构。在这场变革中，字节跳动的关键业务依托 AI 算法，而不再是传统的内容编辑或者用户触达；重要合作伙伴也从资讯提供者转变为拥有强大内容创作能力的 MCN 机构，高效简单透明的广告合作商以及可以提供大量流量的合作平台。

除了对技术边界、行业规则以及企业生态的重新定义，字节跳动能够在这么短的时间内击败众多对手，在内容平台行业形成如此强大的影响力，用户数量的破界增长同样功不可没。

首先，想要获得用户的青睐，制订更加准确，甚至是能够发掘用户潜在需求的发展方案是一切的基础。字节跳动在决策过程中，所有决策几乎都是基于数据分析。相信数据而不是用户，为字节跳动的精准决策创造了良好的条件。而

AB 测试方法的应用，带来的平台全流程持续交付，保证了字节跳动能够在最短的时间里找到最精准的答案。

其次，字节跳动的组织觉醒也为企业的高效运营创造了条件，在精简的四层组织架构上，字节跳动弱化了管理层级和职务，打造了极为敏捷的组织架构。而由此带来的极速商业和管理决策，使得字节跳动创造了极其有利的高速反应机制。

最后，无论是重新定义飞轮，还是破界增长飞轮，在成功之后都需要持续地学习与进步，这就需要企业具备强大的创业原力。字节跳动在企业文化中加入了始终创业的因素，来促进员工与企业的持续发展。而大胆雇用创业失败的人以及缺乏经验的年轻人，也充分展现了字节跳动对于始终创业的坚持和支持。在没有专业职级体系的环境中，大家可以平等地沟通交流，而管理者也会在双周 CEO 面对面的时候，与员工进行直接沟通，这种自由、平等的内部氛围，也充分激发了员工的工作积极性与创造性。

旧业态的涅槃重生

超市是人们生活中非常常见的一种零售业态，无论是在乡村，还是在城市，都会有超市的存在，只不过在不同的场景下会有不同的呈现形式。实际上，对于一些偏远地区来说，超市的存在改变了他们自给自足的状况，丰富了消费类型，是相对先进的零售业态。但在相对发达的城市，人们日益增长的消费需求与越发懒惰的消费习惯之间的矛盾，已经说明传统超市不再是适合城市地区的零售方式。

所以很多超市开始寻求变通，这一点从越来越多的线下超市开始和线上的外卖平台合作，提供配送服务就可以看出。但这其实只是治标不治本的维持生存之道，想要真正改变超市业态低迷的现状，根本途径还是要重新定义超市行业，而这是盒马鲜生与超级物种正在做的事情。

通过移动互联网、物联网、移动支付、4G进行技术赋能，商家就可以获取用户的喜好数据，然后进行精准推荐。实际上，在技术赋能之下，是超市从获得交易到获取用户的本质改变，关键就在于用户消费之后的持续维护，这样用户黏性、忠诚度和复购都会得到提升。

同时，超市餐饮二合一，线下线上二合一的方式，改变了零售行业的关键业务和重要伙伴，“零售＋信息技术”成为新零售的关键业务，“供应链＋互联网公司”成为重要伙伴，客户关系从“交易”变成“用户”，移动互联网技术“扫码购”颠覆了用户的购物方式，而且只支持移动支付，也便于超市获取用户交易行为和购物数据。所有这些变化，都在说明一个问题，盒马鲜生与超级物种创造了零售行业的新规则。

但盒马鲜生和超级物种还是有一定区别的，盒马鲜生依托于阿里巴巴成熟的物流体系和配送团队，在即时配送方面具有突出的优势；而超级物种的多样性、包容性以及全新的消费体验，强调的是吸引年轻用户回归超市。所以，这两家企业在内部生态与合作方式上也有区别，盒马鲜生主打线上，成为超级入口，和阿里全系生态打通；而超级物种深耕线下，需要内部生态具有更强的活性，所以超级物种的合伙人模式应运而生，各个环节都是创业者的角色而不是打工者的角色，为自己而努力，员工的积极性得到了激发，客户的消费体验也因此提升。

线上零售的社交转型

目前国内有 8 亿以上的网络用户，这就意味着除幼儿以及部分老年人外，网络基本已经普及了。而相应地，网络购物行为也逐渐成为人们的消费首选，尤其是对于年轻人来说。

实际上现在市场上有很多各具特色的网络购物平台，而且大都是经历过市场检验，已经形成一定影响力的品牌，比如阿里巴巴、京东、唯品会等。但如果说 2018—2019 年最火爆的电商品牌，那一定是拼多多。三年的时间，从创立到敲钟上市，拼多多的奇迹背后不仅仅是围绕社交展开破界增长，更是对电商行业的重新定义。

拼多多自创的游戏规则，将销售与社交绑在一起，用户需要与其他用户拼单才可以进行购买，但相应地因为增加了商家的GMV，产品价格也会相对降低。这样，用户获得了优惠，店铺获得了销量。这种玩法颠覆了传统电商的漏斗增长模式，省略了中间二次吸引与转化的流程，由九个步骤变成四个步骤。为了更加高效地利用这种规则，拼多多深度挖掘了微信流量来降低成本。同时，追求性价比和效率而不是系统的绝对公平，也让拼多多受到大量一线生产者的欢迎。

拼多多非常重视低端商家与下沉市场的潜力，在生态重构的过程中，也充分考虑了这一点。将阿里系商家每单付出的 7 元左右的渠道成本降低到 0.7 元左右；将在阿里系内无法获得足够多流量的商家吸引到拼多多并给予充足流量。

作为典型的创新型企业，拼多多的创业原力一直非常充沛。黄峥带领的是一支持续创业的团队，是为了改变行业而创业。拼多多最初创建的时候，发展目标也非常简单，团队总能够聚焦于一点集中努力。而快速决策和包容不完美的迭代策略，为拼多多快速占领市场打下了基础。

2 000 人的企业只有三层组织架构，CEO 只管 30 个左右的业务负责人（中层），其余的都由业务负责人直接领导。这种直接、简练的组织形式，让拼多多从一开始就是组织觉醒的状态，员工的自组织管理水平非常高。

在具体的经营中，也不能忽略拼多多的数据驱动，针对竞品竞价模式反策划，针对自身竞价模式的持续优化完全基于数据，通过数据分析能力提升运营效率和商业化规模；用快速的发布节奏，持续的 AB 测试来验证设计的有效性。在数据技术的推动下，拼多多平台上的店铺才能够实现精准决策与合理发展。

技术与用户的胜利

直播已经在市场中存在了很长时间，比如很多运动赛事的转播都是以直播的方式进行的。现在说的直播，更多是用户自发分享自己的生活或者生产的内容。目前国内有很多直播平台，而映客作为港股的直播第一股，在行业内也是个中翘楚。

映客从创立之初就一直秉持着两个经营重心，一个是技术，另一个是用户。在技术层面，映客通过移动互联网、4G、人工智能视觉识别技术的赋能，让主播可以随时随地开播，不需要专业的设备和复杂的准备，一个普通的智能手机就能实现即时的直播分享。同样，这些技术也在赋能用户的观看体验，直播内容的简单易得也为用户提供了低成本消费互动直播内容的机会。

实际上，映客对于用户的重视不仅仅在于观看视频的用户，还包括作为主播的用户。这种双轮驱动的模式，是其他直播平台所不具备的，所以映客的模式从本质来看是一种规则的创新。主播即用户，用户即主播，人人直播，随时直播。竖屏、直播秒开、默认美颜、点赞浮动等平台功能的存在，大大降低了参与的门槛，吸引了大量普通人进入直播行列，在丰富内容的同时，也吸引了更多观看视频的用户加入。

而素人直播的增加，也促使映客完成了自己的生态重构，主播不再是为平台工作的员工，而是创作与分享的主体。去工会的平台模式让主播获得更高分成；微信红包、日提现使主播激励更及时。

作为一个技术和用户指向型的平台，映客从创立之初，就一直秉持着一个信念：想尽一切办法获取用户。为了实现这个目标，作为对行业和产品理解最深的人之一，映客的创始人在创业原力和组织觉醒中，发挥了强大的方向性指导以及促进作用。创业之初，产品、技术、运营分别由三位创始人负责，互相信任，目标聚焦。虽然团队规模非常小，但其具备的创业原力极其充沛。而在后期的经营中，虽然人员增加了，但映客依然长期保持扁平化的三层架构，以维持极速的商业决策。而 CEO 更是直接参与产品侧的具体工作，所有设计细节都会与一线员工直接沟通。

虽然产品的设计基本上都是由 CEO 一个人决策，但映客也不是绝对的一言堂。为了保证决策的准确性，在创业之初，映客就建立了数据团队，根据数据决策流量分配，根据用户数据引导主播。同时，也会根据用户增长漏斗决定合作买量，并通过持续的 AB 测试来验证设计的有效性。

致 谢

本书的部分内容曾在中欧创业营、EMBA 的课堂讲授，也曾在视源股份等知名上市公司和部分企业家朋友做过分享。在这本书的写作过程中我们获得了中欧创业营、中欧创投营、创享智库等多名老师、学员的帮助、指导和启发。

我们需要特别感谢车显明、张春雷、肖斌峰、冯立、杨勇、张亦驰以及创享智库的所有伙伴。

此外，我们还要特别感谢企业家，投资人朋友，商学院的老师和我们的同事：孙永辉、王毅然、吕丹凤、王晓波、姒亭佑、张轩宁、李寒穷、沈海寅、高庆锋、张锋、张福茂、唐彬森、陈湘宇、高炼惇、关嵩、赵璐、朱晓燕、贾大宇、徐静雯、乔梁、敬宓、段侠、陈智慧、丁雅丽、Arthur Wang、田甜、沈超等。

没有你们的无私帮助，我们很难想象在如此特殊的历史时期会写出这样一本重要的方法论著作。

梁涛　龚焱　王晓明

2020 年 7 月 28 日